県二高女女子師範物語

◆愛知県の近代女子教育◆

矢野幸一 著

黎明書房

はじめに

この物語との出会いは、二十代半ばに名古屋西高への転任がご縁となりました。この学校の前身の歴史と伝統を、先輩の先生方から教えていただく中で、この物語の主人公である愛知県(立)第二高等女学校・愛知県女子師範学校への関心が芽吹きはじめたのです。時が流れて30年、再びこの校地（児玉高・定時制、名西高）とのご縁ができました。この学校の前身への想いが、一層深くなった感じがしています。

心の底には、幼少のころ名古屋の街が、毎日のように真っ赤な炎の中にあったこと、それを遠く名古屋東部の丘陵地にある片田舎から、食い入るように眺めていたという原体験があります。その度重なる名古屋空襲の中で、名西高の前身の県二高女と、女子師範はじめ名古屋城は全焼し、城下一円が焦土と化したのです。その当時幼少の私には、県二高女・女子師範のことや、それらが空襲で全焼したことなど知る由もありませんでした。

名西高への二度のご縁と重なって、幼少のころの原体験が、波頭を高くしながら寄せては返し、その度に、あの時の空襲さえなかったらという想いに揺さぶられました。

それでは皆さんも、この物語の舞台と主役たちを想像しながら、主役たちと一緒にあゆんでみませんか。その主役の一人に、皆さんもよくご存じの市川房枝さんがいます。彼女は、一九一二（明治45）年4月開学した愛知県女子師範学校の最初の卒業生です。

彼女が青春時代を過ごした舞台は、名古屋城下界隈で、しかも尾張藩の家老・志水《しみず》甲斐《かいの》守《かみ》の下屋敷のあった場所です。だから敷地は広大で、松も繁り環境は抜群でした。

しかし、開学してすぐ女子師範が「募集見合わせ」となり、新設の大規模な校地・校舎が無駄になる状況がおこり、新たに一九一五（大正４）年３月、愛知県立第二高等女学校が併設されたのです。以降、異なる二つの学校が、舞台を共有し、先生も辞令に関係なく主役の県二高女生・女子師範生を分け隔てなく教え、学校行事・部活動なども一緒に行っています。職員室も同じで、極めて家庭的かつ情熱的・学究的であったと言われています。

こうした学園の雰囲気が功を奏し、愛知県の女子教育の中心的存在となっていきます。

この物語がすすむにつれて、時代の波に翻弄されながらも、たくましく生き抜いた主役たちの知恵とか情念が、必ず垣間見えてくるものと思います。

本書が、若い人からご年輩まで多くの方々の目にとまり、改めて「教育」や「学校」、「先生・子ども・生徒たち」、「世の中」や「生き方」などを考えていく一助になれば幸いです。

この「物語」を語るに当たっては、諸先輩の研究・著書をはじめとして、愛知県の教育機関・勤務した諸学校・同窓会関係者・諸個人の手記・聞き取り・情報など、多くの皆さんのご指導・ご高配をたまわり、改めて謝意を表します。また本書刊行にあたっては、黎明書房の社長・武馬久仁裕氏のご好意に対しまして厚くお礼申し上げます。

平成27年５月25日　　　　矢野幸一

目次

目次

凡例

(1)　文献引用に当たっては、旧字体・旧仮名遣いは新字体・新仮名遣いに、難しい漢字は一部平仮名にしました。片仮名は平仮名にし、送り仮名を補ったところがあります。難しい言葉には〔　〕で説明を補いました。

(2)　注ナンバーは、巻末の「引用・参考文献及び資料など」のものです。

(3)　文中の「本学」は、二つの学校（「県二高女」・「女子師範」）のことを指し、いずれかの場合は、「本校」とか「県二高女」あるいは「女子師範」と記しています。

(4)　掲載写真は、本学の数少ない資料と名古屋西高校の周年記念誌・同窓会員誌及び愛知教育大学所蔵の資料などから転載させていただきました。それ以外は出典を明記いたしました。

第1章　愛知県の近代女子教育のあゆみ

1　近代女子教育と「良妻賢母」の教育

物語の舞台をとりまく背景の一つに、一八七二（明治5）年の「学制」頒布《はんぷ》があります。このころ福沢諭吉著『学問のすすめ』初編が、爆発的に読まれています。その影響もあって、国民への教育的な開化の取り組みが急務とされたのです。

「学制」は身分よりも能力を重視し、「人間の男女の差のあることなし」と男女平等の理念を明確にしたのです。

頒布の前日「学事奨励に関する被仰出書《おおせいだされしょ》」が布告されます。

その特色・原則は、立身出世・実学・国民皆学・受益者負担です。これらには、ヨーロッパ近代の特色である個人主義とか功利主義が反映されています。（注1）

なかなか進まない初等教育の近代化

「学制」が目指した開化教育の内容は、多くの国民には、日常生活に役に立たない理念や学問に思われ、それよりも、食べていける世の中にしてほしいという願いが強かったようです。お金を出してまで学校へ行きたくなかったのです。それから女子には、子守がありました。

さて、愛知の女子教育の展開は、全国に比べますと不振の様は明らかです。ちなみに当初の就学率、約48％（男64％・女30％）で全国平均約28％（男40％・女15％）を上まわっています。しかし、女子就学率はやがて減少傾向となり、明治23年28.3％（全国平均31.3％）と低く、他県が上昇している中で愛知県は減少しています。９マイナス県の仲間入りです。（注２）

その背景として愛知県の場合、かつての寺子屋は4000近くあり、全国的に比べても極めて多く、「学制」頒布後も寺子屋教育への郷愁が強かったようです。

また愛知県では、独自に、明治６年２月「義校」（民間の資金でつくられた地域の簡易初等学校）設立奨励の「布達」を出しています。その結果、400校を超える義校が誕生しています。寺子屋も当時300校ほど残っていたと思われます。

こうした愛知県の義校をはじめとする各種初等教育機関の併存・妥協的施策は、やがて許されなくなっていきます。

ひるがえって明治８年段階での小学校は677校で、大正・昭和期の学校数とあまり変動はないのです。しかし規模・内容には大差があります。例えば、校舎は、寺院を利用したのが全体の64％を占めており、先生も１校２～３人平均でした。（注３）

初等教育の近代化への道のりは、困難を極めていたといえましょう。

男女別学・複線型教育へ

ところで戦前の男女の別学は、「学制」にかわる「教育令」公布(明治12年)にはじまります。「凡《およ》そ学校においては男女教場を同《おなじ》くすることを得《え》ず、但《ただ》し小学校においては男女教場を同くするも妨げなし」(第42条)

これは、男女共通の教育から男女別系統(複線型)の教育への転換を意味します。つまり、高等小学校を卒業(12歳)すると、男子は中学校、女子は高等女学校へと別々の途《みち》を歩むことになります。

明治19年には、小学校尋常4年の義務制となりますが、学校はあいかわらず有料のため、就学率はあまり上がっていません。明治33年授業料が国庫補助で徴収廃止となり、愛知県の女子就学率も60％台に前進し、2年後には87％と急伸しています。

そして、制度的には36年教科書が国定化され、40年には義務年限6年制が確立し、念願の愛知県の就学率も明治末期には、男女とも97％以上となりました。

こうしてわずか半世紀でわが国は、教育立国へと急成長を遂げたことになります。

「良妻賢母」の教育

わが国の近代の女子中等教育は、「良妻賢母」を育てることが第一に目指されました。愛知の女子教育もそのような「良妻賢母」の考え方が、バックにあることは言うまでもありません。

では、その基礎になった「良妻賢母」の考え方は、どのような歴史的背景を持ち、どのような内容のものだったでしょうか。すこし語っておきましょう。

「良妻賢母」の教育は、わが国近代の「かたち」を固めていく過程と深く関連しています。わが国には、もっと以前（鎌倉期・室町期）の庶民の女性、特に農民・町民として生きてきた女性たちの中に、その生き様・たくましさが感じられます。

歴史の大きなうねりの中で、男女の生き方に非常な影響を与えたのが、近世の兵農分離以来の身分制社会の確立です。それを支えてきたのが江戸時代に栄えた儒教《じゅきょう》思想（天地二元的・上下関係的・絶対服従的な考え）であったと言えましょう。

こうして江戸時代に「男尊女卑」の考えが広まっていったのです。

この考えが、特に家庭にあっては、いわゆる「三従の教え」（子どもの時は親、結婚すれば夫、老いては子に従うという考え方）が、女性には求められた時代でした。

近代以降も形を変えながら継承されてきたことは、歴史が物語っているところです。

このような封建時代の儒教的な考えから決別し、女性の生き方・内的自立と国家の独立・安定及び家庭の安定を一体的にとらえようとしたのが、福沢諭吉らと仲間の啓蒙思想家で初代文部大臣（明治18年）となった森有礼《もりありのり》（明治22年、暗殺）です。

彼の主唱の先に、明治20年代後半になって（不平等）条約改正・日清戦争（三国干渉）という、わが国の対外関係が大きな国家的課題として、国民の肩に重くのしかかってきたのです。

国家的課題は、教育の課題でもあります。

森の生前の考え方は、国家の未来の変化を見据《みす》え、国家への献身・国民的資質の向上という視点から、女子も男子と同一のレベルに立ち向かうことを目指したものです。

その根底には、国家の基礎は「家」におかれ、「家」の安定が「国家」の安定（欧米諸国と対等になること）というわが国独特の国家観（家族的国家観）があり、それが「良妻賢母」の考え方・教育の原点になっていると思います。（注4）

家庭の安定は、男女の特性を活かした共同作業が必須ですが今日も変わりません。

社会の中核をなす都市中産階層と、農村の地主層の子女を対象とした高等女学校の「良妻賢母」の考え方に立った教育の中で、その成果が期待されたのです。

ハイレベルな良妻賢母像

それでは「良妻賢母」像を、気質才能の観点から見ておきましょう。

① 国家観念（愛国心）を持ち、

② 日本婦道に通じ、「日本婦人本来の従順、温和、貞淑、忍耐、奉公等の美徳」を備え、（利己的）個人主義思想を排する。

③ 母として（立憲国家の賢い担い手を育てる）の自覚を持ち、

④ 科学的な素養（賢い知恵・教養・先見）もあり、健全な趣味を持ち、身体も健康であること。＊（　）内は、筆者が加筆したもの。

これらを備えた女性が、理想的な母親像というのです。（注2）

このような日本的な「良妻賢母」の女性像は、つまり社会通念的に「男尊女卑」とセットの女性の生き方のように考えられていますが、そうではないということです。

先に語った「良妻賢母」の教育、理想的な母親像の特質を思うと、時代を超えて生き続ける不易なものとして継承されるべき原像が、いくつか秘められていることに皆さんも気づかれたことでしょう。

2　愛知の女子教育――明治期のあゆみ

　ではまず、この物語の主役たち、すなわち愛知県(立)第二高等女学校・愛知女子師範学校の生徒たちが、愛知県の女子教育とどう関わってあゆんだのかを、眺めておきましょう。

女子教育の冬の時代

　愛知県の初等教育は、学制頒布に先だって、明治4年「女子教育奨励布告」、続いて女学校設置の布告をもとに誕生した「聖徳寺内女学校」（名古屋区冨沢町）がはじまりです。
　中等教育の女学校は、明治9年開設の「女範学校」にはじまります。文明開化の影響で全授業が英語で行われますが、県民意識・女子教育観ともマッチせず、2年後には廃止となっています。
　そこで教育内容も新たにし、校名も「愛知県女学校」と改称し再スタートしています。しかし明治12年「愛知県師範学校」（9年、養成学校を改称）内に、「女子教育部」が設置されると、そこに「愛知県女学校」の生徒を移動させています。（注5）
　それも明治15年には廃止となり、愛知県の女子中等教育は、「冬の時代」に入ってしまったといえましょう。

冬の時代からの脱出

ようやく明治21年キリスト教系の女学校（名古屋清流女学校・名古屋英和女学校・江楓女学校など）が創設されます。また翌年には女子のための英語教育を志した「私立金城女学校」が産声を上げています。

愛知県では女子教育「冬の時代」脱出の第一歩として、明治29年「愛知県名古屋高等女学校」の誕生があります。開校時は、本科・専修科合わせて76名でした（明治45年に「名古屋市立第一高等女学校」と改称）。

つづいて明治36年には、「愛知県立高等女学校」が開校。本科80名の募集に5倍近い応募があり、県民の期待の大きさがうかがえます（大正４年、

図１　明治末期の学校制度概念図

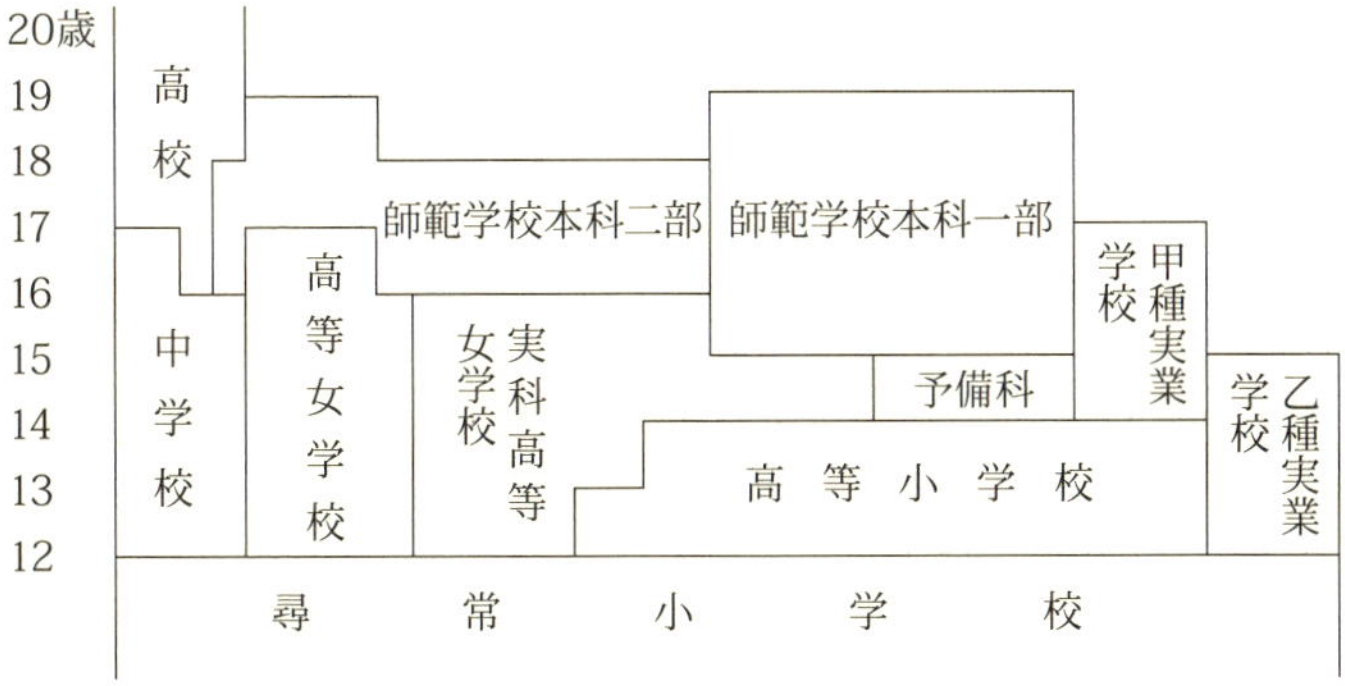

（石川松太郎編著『教育の歴史』p.6 を参考に作成）（注１）

「愛知県立第一高等女学校」と改称)。

なお愛知県の明治末年にいたる高等女学校設置数は、実科高女(家政・商業など特定実科科目の履修に重点をおく女学校。2年修了可)を含め9校です。以下の通りです。(注5)

明治29(一八九六)年　愛知県名古屋高等女学校(明治45　名古屋市立第一高等女学校と改称。市立第二商業学校と併合し、現市立菊里高校へ)

明治35(一九〇二)年　豊橋町立高等女学校

明治36(一九〇三)年　愛知県立高等女学校(大正4　愛知県立第一高等女学校と改称。県立明倫中学と併合し、現県立明和高校へ)

明治39(一九〇六)年　私立淑徳高等女学校(愛知県初の私立高女)

明治40(一九〇七)年　岡崎市立高等女学校

熱田町立高等女学校(明治45　名古屋市立第二高等女学校と改称。市立名古屋商業学校と併合し、現市立向陽高校へ)

明治43(一九一〇)年　知多郡立高等女学校(昭和13　愛知県半田高等女学校と改称)

明治44(一九一一)年　犬山実科高等女学校(大正8　犬山町立高等女学校と改称)

明治45(一九一二)年　新城実科高等女学校(大正5　新城町立高等女学校と改称)

3　愛知の女子教育――大正期のあゆみ

大正新教育・自由教育の始まり

大正期（一九一二〜一九二六年）に入り、第一次世界大戦（一九一四〜一九一八年）を契機として産業界は活気づきます。同時に連合国の自由主義思想や文化が、わが国にも伝わり影響をもたらしていきます。

終結とともに景気が下降する中で、新たな社会の成長を求めて、民主的な風潮・大正デモクラシーと相まって、新教育運動や女性の社会進出・婦人の選挙権獲得運動などがおこっています。

こうした社会的風潮は、新たな可能性・個人主義的な価値観の成長を思わせる時代でもありました。

愛知県では女性差別撤廃の運動の一環として、大正8（一九一九）年夏、名古屋新聞（中日新聞の前身）主催の婦人問題講習会が開かれています。

この物語の主役たちの同窓生である愛知県女子師範学校の卒業生、市川房枝（名古屋新聞記者）は、この時講師として来名した平塚明子（らいてう、雷鳥《らいちょう》、青鞜《せいとうしゃ》社創立）の運動を助けるために、間もなく上京しています。

以来市川房枝は、教科書にも出ていますように婦人運動に尽力し、長きにわたって国政でも活躍をされました。

それから大正期には、ルソー著『エミール』(教育の本質を、個人の本性を伸ばすことにおく。従って早い時期の人間による教育よりは、自然の中で五感・感性をみがく大事さを説く)はじめ、デューイ著『学校と社会』及び『民主主義と教育』(経験主義・問題解決学習)、そしてエレン・ケイ著『児童の世紀』など欧米の自由主義・児童中心の教育思想が翻訳され、わが国でも広く読まれていきます。

こうして明治期の国家主義教育の展開とともに、大正期にはあらたな潮流として新教育運動・自由教育が、実践され普及したと言えましょう。

初等教育では、素直な子どもの成長を願う国民の心情の反映もあって、教師中心の教育から児童中心の教育の取り組みが、全国的に注目を集めています。

愛知県の新教育

愛知県でも新教育に関する取り組みが進められます。大正13年には、児童の自主性を活かした自由学習・協同学習による新教育法のダルトン・プラン創始者パーカスト女史を招

いて、県会議事堂で講演会（1500名参加）が開かれています。（注６）

教育現場では、三師範学校（愛知県第一師範・第二師範・女子師範）の附属小学校を中心に、新教育の試みが進められています。

主な内容は、郷土教育・生活教育・実験教育・映画教育などです。

この実践は、各師範の教育実習生に影響を与え、彼らが教師になっていく中で県下の小学校にも普及していったのです。（注７）

愛知県女子師範附属小学校では、豊島松治先生が中心になって、地理教育の中に郷土教育を取りいれています。子どもたちの学習意欲を高めた郷土教育の意欲的実践を、大正８年以降10年以上にわたって『愛知教育』誌上に発表しています。

また同小では、映画教育（16㎜映画教材の製作・上映）の取り組みも進められており、中部日本映画教育大会（昭和４）開催の会場にもなっています。（注８）

話はとびますが皆さんもご存じの歌人北原白秋が、雑誌『赤い鳥』（創刊・大正７）を舞台に、童謡運動を展開したのも新教育運動と同時期です。

その活動により、学校でも軍歌・文部省唱歌に代わって童謡の類（この道・からたちの花・ペチカ・待ちぼうけ・あめふり・かなりあ・七つの子など）が親しまれるようになります。皆さんによって今日も多くが、歌い継がれています。

さて公立高女では、大勢として「良妻賢母」の女子像・女子教育論が主流であることに変わりはありません。

しかし授業内容については、家事能力重視の明治期の実用主義的教育に比べると、学業も重視し情操も大切にし、さらにスポーツも両立させようとする動きが出てきています。全人的な人格形成・教養主義的自由教育の展開の時代と言われる所以《ゆえん》です。

高等女学校の急速な拡大

大正期、愛知県では、高女は19校開設されています。明治期の2倍を超えます。先に語ったように、物語の主役である愛知県立第二高等女学校の登場も、この時代のはじめです。

当時（大正10年）の小学校数は649校、児童数は約30万人、先生は約7000人超となっています。そのうち高等女学校へは、大正初期の約3000人から大正12年には1万人を超える勢いです。そして大正末期には、中学校生徒数をしのぐほどになっています。

大正から昭和にかけて増え続ける「女学生」を中心に、皆さんもご存じの大正ロマンと華やかな異国情緒（空想的世界）、優しさと美しさなどに溢《あふ》れたハイカラで特異な「少女文化」（少女小説・少女雑誌・少女歌劇など）が流行しています。（注9）

物語の主役たちも「少女文化」に憧れ、学園生活の緊張感から脱出したい想いの時期もあったことでしょう。それも青春の淡い思い出の一ページになっていましょう。

また、このころ主役たちの制服が、和服からセーラー服への一般化に象徴されるように、中産階層の女学校は西洋的な生活文化の創造の担い手として、社会的にも一定の役割を果たしてきたと思います。

開設高女19校は、以下の通りです。（商業・裁縫など実業学校は除く）

大正３（一九一四）年　一宮町立高等女学校
大正４（一九一五）年　愛知県立第二高等女学校（現県立名古屋西高校へ）
　　　　　　　　　　　津島町立高等女学校
大正５（一九一六）年　私立椙山高等女学校
大正７（一九一八）年　西尾町立高等女学校
大正８（一九一九）年　私立皇華高等女学校（昭和５　廃校）
大正９（一九二〇）年　宝飯郡立高等女学校（大正12　国府高等女学校と改称）
大正10（一九二一）年　安城町立高等女学校
　　　　　　　　　　　刈谷町立高等女学校

丹羽郡立高等女学校
私立名古屋高等女学校
私立中京高等女学校
大正12（一九二三）年　横須賀町立高等女学校
私立椙山第二高等女学校
私立桜花高等女学校
大正13（一九二四）年　名古屋市立第三高等女学校（県一中と併合、現県立旭丘高校へ）
挙母町立高等女学校
瀬戸町立高等女学校
私立大谷実科高等女学校（昭和7　廃校）

これらのうち、郡立・町立の各校は、大正12年4月以降順次県に移管されていきます。

愛知県女子の高等教育の萌芽は、一部高女に専攻科・高等科ないし補習科の設置に見ることができます。具体的な公立女子専門学校の設立は、他県に比べると遅く、昭和期まで待たなくてはなりません。

4　愛知の女子教育――昭和期のあゆみ

女性の知識・技能向上への期待が高まる

大正末から昭和期（一九二六年～）に入り高女への志願者が減少しています。それは大戦後の不況の慢性化が影響していると思います。再募集の学校が出ているほどです。

その後中国との戦局の急展開に伴い、男性の出征増による求人難や、家庭における女性の重要性と家庭経営の知識・技能の向上への期待が高まり、実業学校設立の気運が急激に広まっています。私立の商業高校も数校誕生しています。

圧倒的に多いのは、直接職業技能を教授する各種学校（裁縫・簿記・珠算・自動車・産婆・看護婦など）が多く設立されたことです。(注10)

その後高女の生徒数は、昭和9年には1万5000人を超え、昭和15年には2万人となり、大正末期から比べると倍増しています。戦時中も増え続けて、昭和19年の終戦直前には、約3万人弱に達し、女子の中等学校への進学率20％以上と非常に高まっています。

愛知県の女子の高等教育機関・専門学校は、昭和期に入っても県財政にゆとりのないことから、困難をきわめています。それだけに私的に、個人的な尽力によって私立三校（金城・

椙山・安城）の専門学校が設立されたことは、特記すべきことです。（注11）

公的には、名古屋市立女子高等医学専門学校が、終戦直前になってようやく設立されています。

教育活動の実態は、一九三一（昭和6）年、満州事変勃発を契機に戦時体制が強化されるとともに、昭和16年には「修練」重視の通達が出ていることからもうかがえます。これは教科外の行事・作業（修練農場など）を重視するということでしょうか。

前後しますが（昭和12年）、鶴舞公園グラウンドで皇太后陛下をお迎えして、名古屋市内全中等学校の代表1500名（本学は女子師範・県二高女最上級学年出場）による徒手体操と踊りが披露されています。（写真）

鶴舞公園グラウンドでの徒手体操（昭和 12 年）

この日の大行事の中核として、物語の主役たちは大活躍しています（当時の指揮者・本学神田巌先生の手記より）。(注12)

このころ、同窓会のお骨折りで大先輩の市川房枝さんが、久しぶりに本学を訪ねて後輩たちに講演を行っています。

勤労動員の時代

中等学校以上の学生には、勤労動員（昭和13年に初見え）を強化しています。産業県として愛知県には軍需工場も多く、女子生徒たちも勤労動員として過酷な労働を強いられ、学校生活の大半をそうした関連工場で過ごすことになっていきます。

幼少のころ、女学生が農作業の手伝いで、わが家の近くに時折来ていたことを覚えています。

作業の合間に、よく遊んでもらいました。わが家の周辺には桑畑がたくさんあり、そこで桑の木の皮を剥《は》ぐことが主な作業だったようです。その皮を細かく裂いて代用の袋などをつくるための材料づくりをしたと思われます。

筆者はというと、桑の実を口もとを真っ赤にしながらほうばっていたことを思い出します。その当時は、勤労動員で来ていることなど、わかるはずもありませんでした。

思えば筆者は、終戦時まだ就学前の子どもでしたので、過酷な体験や苦労はしていません。しかし戦時下のわが国の状況の厳しさは、間接的ですがいくつか体験をしていますので、その一端については次章の付記で語りたいと思います。

昭和になってできた学校

新たな高女として、11校が設置されています。

昭和2（一九二七）年　私立稲沢高等女学校
　＊金城女子専門学校附属高等女学部
昭和3（一九二八）年　豊川町立実科高等女学校（昭和18　豊川高等女学校と改称）
昭和5（一九三〇）年　蒲郡町立実科高等女学校（昭和18　蒲郡高等女学校と改称）
昭和11（一九三六）年　常滑町立実科高等女学校（昭和18　常滑高等女学校と改称）
昭和13（一九三八）年　私立愛知和洋高等女学校
　私立瑞穂高等女学校
昭和14（一九三九）年　私立名古屋市緑ケ丘高等女学校
昭和15（一九四〇）年　私立豊橋松操高等女学校

昭和17（一九四二）年　小牧町立高等女学校
　　　　　　　　　　　私立豊橋桜ヶ丘高等女学校

総計は、明治期9校・大正期19校・昭和期11校の計39校です。内2校は、昭和期になって廃校していますので、終戦時には37校ということになります（参照『愛知県教育史第4巻』巻末「高等女学校数表」）。

それから愛知県の女子専門学校設立の動きですが、昭和4年ごろ県一高女「高等科」（現在の県立大学の母体の一つ）を改編して専門学校を設立する案が、議会に提示されています。しかし財政事情により昭和7年県一高女への吸収という形で、残念ですが頓挫《とんざ》してしまいます。

かわって名古屋市が、昭和18年全国初の「名古屋市立女子高等医学専門学校」（現在の名古屋市立大学・医学部へ）を開校しています。

ここで近代愛知の女子教育のあゆみを、簡潔に語っておきましょう。

・初等教育の女子就学率は、当初愛知県の男子や全国平均に比べてきわめて低かったのです。全国並みになったのは、大正後半です。

・中等教育（高等女学校）は、「冬の時代」が長く続きましたが、大正期になり飛躍的な発展をしています。生徒数でも、大正末には中学校より高等女学校の方が増えています。

・大正期の新教育運動の取り組みが、三師範の附属小学校を手始めに全県に普及していきます。

・高等教育段階の取り組みは、他県に比べ極めて弱かったといえます。

そうした中で、女子教育の拠点校の生徒としてこの物語の主役たちが、どんな学園生活を過ごしたのか、次章以降で、主役たちの実像にどれだけ迫れるかわかりませんが、大いに語りたいと思います。

第2章　愛知県第二高等女学校物語

1　学校開設前後の出来事

愛知県女子師範学校の地に誕生した愛知県立第二高等女学校

この物語の舞台の主役たちが、登場しそろうまでの背景をまず語っておきましょう。

県二高女の開校は、一九一二（明治45）年に開学してまもない愛知県女子師範学校が、「女子師範一部生・募集見合わせ」という、学校の存亡にかかわる深刻な状況を招いたことが関係しています。

当時の風潮として、相変わらず女子は役者や芸者には向くが、教師などはもっての外という考えが強かったこと、加えて年を

愛知県立第二高等女学校（開校当時）

重ねれば結婚に影響しかねないなど、世の中の女子教員の養成を目的とする師範学校への理解が不十分だったと言えましょう。

文部省は、女子師範への志願者が少ないからと募集停止した愛知県の方針が、他県に及ぶことを大変心配しています。また県当局は、広大な校地を無駄にできないとして、同校地内に高等女学校を新設することとし、文部省も同校復活を期待して第２代校長山松鶴吉先生を任命しています。

こうして一九一五（大正４）年、愛知県女子師範学校の地に愛知県立第二高等女学校（大正11年、「愛知県立」から「愛知県」と改称）が併設されることになりました。

県二高女、開校早々の危機

赴任（５月29日）早々の山松鶴吉校長（第２代）は、女子師範一部生の新入生がいない中で、在籍の女子師範一部生（４～２年72名）と二部新入生（志願者62名・入学者28名）、県二高女新入生（志願者95名・入学者42名、内名古屋市出身20名）を集め就任式を行っています。

「広い講堂に少しばかりの生徒、実にあわれな情景であった」と後日語っています。

一刻も早く活性化を図らなければ、二つの学校が共にダメになってしまう。そんな思いが頭をよぎったのでしょう。

早速、校長先生は、師範の必要性を熱心に説いて県下を回られます。そして入学試験場所も名古屋だけでなく、各郡の居住地で受験可能とし、志望者の急増（4倍）に尽力されています。こうして女子師範が、活気をとりもどしたのです。（注13）

女師の状況が好転し、職員・生徒たちにも元気がもどってきました。

しかし県議会では、好転を理由に県二高女を、県一高女に合併させて女子師範一本でいくべきだとの意見（県費逼迫《ひっぱく》のため）が登場してきました。

突然廃校の危機にみまわれますが、時の松井知事と存続派の加藤鐐五郎県議会議員（戦後、衆議院議長）・県二高女関係者・父兄等の熱心な働きかけによって、この危機を突破しています。文部省はじめ全国的に県二高女の存続は、絶大な賛意を受けたのです。

開校時に着任した教師の思い出

開校当初、第一回生とともに県二高女に新任として着任し、学級主任として4年間指導に当たられた久保田覚太郎先生の熱い思い出の手記を紹介しましょう（……は筆者が略したところです）。

学級主任となりました私は、一面明日からこれら愛らしい生徒と共に勉強するのだと思い、嬉しさと希望にみたされますと同時に、限りない責任の重圧を感ぜずにはいられませんでした。そしてできる限り、彼らの美しい天性を伸ばし、毎日楽しく、愉快に学習ができるように努めようと思いました。

私は彼らと接することが無上の喜びとなりました。教室では「先生、先生」と元気よく挙手して活動してくれるおもしろさに時間の経つのも覚えず、運動場ではほかごとを忘れて彼らと嬉戯しました。私の唯一の楽しみは、学校に出ることであり、彼ら相手に授業をし、運動遊戯することであり、日曜日や又何かの都合で授業時間の欠ける日は非常に淋しさを感ずるのでありました……。

野原の様な広々とした運動場の一隅に小さい手と弱い力で耕して作ったあの畑で、葱《ねぎ》や茄子《なす》、南京豆に薩摩芋など、嬉々として収穫したおもしろさ……インドアベースボールや庭球の試合、生徒に負けて笑われたことも、ついこの間のように思われます。当時女子師範の生徒は二百名ほどいましたが、この幼い妹達女学生を大へん可愛がってくれました。

……この在任四年こそは、私の生涯中永久に忘れ得ぬ印象と懐かしさを与えました。就中《なかんずく》愉快でありましたのは、臨海授業と月々の遠足とでありました。

女学生の臨海授業、海水浴は当時の女学校にはむしろ異例であり珍しいものでありましたが、それだけに生徒によろこばれました。（以下略）（注14）

2　広がる校地・校舎と増える生徒たち

学校物語の舞台

物語の舞台は、江戸時代には尾張藩の五家老の一人であった志水甲斐守《しみずかいのかみ》の下屋敷のあった場所です。そこに、愛知女子師範学校と愛知県立第二高等女学校が置かれたのです。

志水忠宗は、関ヶ原の役では徳川家康に従い、大坂の役には名古屋城の留守をあずかっています。忠宗の妹お亀は、家康に寵愛《ちょうあい》されて後の尾張藩祖・義直（一六〇〇〜一六五〇年）を生んでいます。したがって志水忠宗は、尾張藩祖の外戚《がいせき》であり、藩政の中枢（1万石拝領）にいたのです。（注15）

学校の広さと今の場所

下屋敷の広さは、11町4段9畝5歩（約3万4470坪〔11万3750㎡〕）と記録にあります（現在は、押切公園・名古屋西高・天神山中・西警察署・新名古屋中央郵便局など）。

県二高女と女子師範の校地は、当初はそのうちの約1万2300坪〔4万590㎡〕でした。その後運動場が拡張（2000坪）されたので、約1万4300坪（4万7190㎡）となっています。

したがって校地は下屋敷の約半分弱ですが、今日の名古屋西高に比べれば2倍ちかくで

羨ましいかぎりです。名西高校の校地面積は、約8660坪（2万8596㎡）で下屋敷の約4分の1です。(注15)

それから志水家の先祖が、学問の神・菅原道真であったところから、その屋敷内には小山が築かれて、そこに天神様（現在の西警察署北辺り。天神山中学校プール・天満宮）を祀っていたというのです。

現在最も近くにお住いの方（服部守さん）によれば、子どものころ天満宮の周りは、こんもりと樹木が繁り、鳥居もあってよくそこで遊んだとのこと。学園の東門からも天満宮の森へは、行けたような気がするということでした。

それから学童疎開中に名古屋大空襲があり、自分の家も含めこの一帯が全焼、天満宮もその時焼けたというわけです。

この一帯は「天神山」と言われますが、その地名の由来がこの天神様にあったことは、よく知られているところです。

志水家の武家づくりの家門（名古屋城三の丸本屋敷の玄関車寄せ）は、当地の庄屋であった大矢宅の表門として移築され、今日も当時の姿をしのぶことが出来ます。(注16)

大矢宅（現当主健治さんの叔父大矢雅彦氏・旧職員〔昭和19年〜〕・戦後早稲田大学教授）を、筆者が名西高校在職中に訪ね、武家づくりの表門を直に眺めさせていただきました。その折現当主の弟さんが、名西高校の卒業生だと知りました。

物語の舞台誕生にあたり、地域の人々と運命的につながり、しかも大矢家の人たちをとおして古《いにしえ》の舞台の魂が、時空を超えて今日の名西高校に引き継がれてきていることをいよいよ強く感じています。

また歴史的に由緒ある「天神山」なる地に、女子教育の重要な拠点が築かれたということは、これまた不思議なご縁を感じます。

二つの学校は校舎も共有、講堂は東洋一

一九一五（大正4）年、県二高女が女子師範と併設になり、立派な校門には「愛知県女子師範学校」と「愛知県立第二高等女学校」の二つの校名が掲げられたのです（カ

旧志水家本屋敷玄関車寄せ（現大矢家表門）（筆者撮影）

バー写真参照)。

先に語ったように二つの学校は、校舎や運動場も共有し合い、教育活動・学校行事などすべて一緒でした。教職員も辞令は別々でしたが、実質的には同じように教え指導にあたったということです。

学び舎《や》を象徴する白塗の一部２階建校舎と講堂は、当時にあっては、極めてハイカラな建物でした。とりわけ講堂は、『白亜の講堂』と形容され、校庭の美しい千本松と共に東洋一と誉れ高かったのです。

校舎の周囲には、大きな梅檀《せんだん》（愛知県二高女の象徴─梅檀は双葉より芳し）がいく本も植えられ、夏にはその木陰が、生徒たちには憩いと語らいを楽しむ格好の場所になっていたといいます。しかし落ち葉のこ

愛知県第二高等女学校（昭和６年）

ろは、掃除当番泣かせだったようです。（注17）

寄宿舎は、女子師範の生徒が中心でしたが、県二高女の生徒も通学できないものは一緒に寮生活を送っています。

寄宿舎の東側（旧庭園跡）には築山があり、大きな森（老松）と池は女学生たちの癒しのスポット、多くの乙女たちのロマンに溢れた情景と人間模様が想像され、微笑《ほほえ》ましくもあります。

しかし後年、江川警察署（今の西警察署）が隣に建ち、留置所ができてからは、このすばらしい裏山・池は、亡霊話（下屋敷時代に、女中身投げの噂あり）やフクロウの鳴き声が聞こえる気味の悪い所になっていったといいます。

美しい光景が広がる校地

校地の北西には附属幼稚園があり、附属小学校は校地の一番北側にあって、その校舎の南側が運動場（広すぎて草取りが大変）です。校地の前後は田畑が続き、その一帯北西寄りの近場には、地域の支援による広大な学校農園（開校当初は運動場の最北端）がありました

西側は笈瀬川が流れ、遠方には伊吹山。北側は庄内川の堤が見え、東側は名古屋城天守閣を眼前に仰ぎ見ることができます。夕日に映える金シャチは、格別だったといいます。

足元はといえば志水甲斐守の下屋敷跡がつづき、そこには花壇がつくられ四季折々の花々が咲き乱れていました。

学園は、観光スポットさながらの絶景空間に包まれ、大正ロマン漂うモダンな学校として、羨望の眼差しで見られていたことでしょう。

このころ着任の福家巌先生の感想（手記）からも、その様子がうかがえます。

「当時この学校は、日本一綺麗な建築という評判で、参観者なども多く、一種誇らしさを覚えていた。

それだけに保存には骨の折れたことで、堀田先生を先導に、当番が乾布巾で一生懸命磨きをかけていた。」

と、語っておられます。（注18）

先生と県二生（裏山の老松のもとで）

こんなにも素晴らしい環境に恵まれて、それに甘えることなく、教えるものが率先垂範し、学ぶものとの絆を深めていくさまがしのばれて微笑ましい限りです。

なお附属小学校校舎の落成は大正13年で、翌年附属幼稚園が併設されています。

当時の附属小学校の門あたりが、今日の名古屋西高等学校の正門の位置にあたります。全体の正門は、今日の新名古屋中央郵便局のある南側やや西よりにあったのです。

県二高女の生徒数

学校の規模は、大正末に修業年限5年となり、各学年2学級・100名、全10学級・総計500名規模となっています。同時に高等科（修業年限3年、各学年1学級・40名）が設置されています。

その後、昭和6年「愛知県高等女学校学則改正」により、なぜか高等科は県一高女に併合となり、かわって補習科（修業年限1年、定員40名、1学級）が設置されます。また同年より本科は、全15学級・総計750名規模へと拡充されたのです。

こうして開学当初（大正4）1学年50名・全生徒数200名が、先記のように大正末期には500名、昭和前期750名、そして昭和14年には1学年4学級・200名、全20学級・全生徒数1000名の学校（本学の先生は、前後しますが昭和7年度では65人）になっています。

学園全体でみると1500名以上（女子師範生・附属小学校生・幼稚園児・付設養成所生・教職員を含む）と膨れ上がっています。(注19)

昭和の出来事――奉安殿《ほうあんでん》の建設

このように県二高女が名実ともに充実・発展を続ける中、第８代校長福田謹四郎先生が赴任（昭和17年３月末）されます。そして文部省へ着任挨拶のおり、某高官からこんな訓示があったそうです。（注20）

「男子から女子師範ではご不満かもしれないが、あそこは、両校と各種講習科を合わせると、《全国最大の大所帯》なのでご苦労を願ったしだい。まあしっかりやってください」と因果をふくめつつ信任を受けたような、妙な訓示であったと後日述懐しておられます。

しかしその一方で、すこしさかのぼりますが物語の舞台を大きく揺さぶる、象徴的な出来事が起こっています。

テニスコートの一面が壊され、そこに奉安殿《ほうあんでん》（御真影《ごしんえい》〔天皇・皇后の写真〕・教育勅語《ちょくご》の奉納所）が建てられたことです。

本学のシンボル的な空間であった正門・玄関の一角が、様変わりすることへの一抹の寂しさや悲しみを思うにつけても、なんともし難い時代の運命的なものを痛感します。

南向きの正門を入りますと、ドーム型の青銅の屋根を持つ玄関、その前は丸い形をした植え込みを中心にして左右の車寄せの道が回り、そしてその両側には太陽の燦々《さんさん》とふりそそぐ二面のテニスコートがありました。

左側のコートの奥には職員室、その窓辺には泰山木が深い緑の葉の間から白い大輪の花をぽっかり咲かせる季節もありました。

また横には妙なるピアノの旋律、メロディーの流れてくる渡り廊下のある音楽室もありました。(注21)

そこは、顧問の先生との語らいの場・パワースポットでもあるのです。日ごろ生徒たちが、元気よく額に汗し声をかけあい、技を磨き強靭《きょうじん》な心を鍛えあう光景は、何物にも代えがたいものがあります。

前後して、東門近くに待望の2階建て新校舎(1階特別教室・2階一般教室)が落成しています。2階教室での授業中、1階の割烹《かっぽう》室からおいしそうな匂いがしてきて、我慢するのに困ったということです。

正面玄関と奉安殿

生徒たちは、また2階への教室替えでは、緑いっぱいの木々に恵まれた校庭や、天守閣がよく眺められて心がなごんだと喜んでいます。

皇紀二千六百年・創立25周年記念

世の中が風雲急を告げ始めた一九四〇（昭和15）年には、皇紀二千六百年（二六〇〇年前、第一代神武天皇即位（皇紀元年はＢＣ660））記念行事が全国的に催されました。

おりしも県二高女では創立25周年ということで、女子師範創立40周年と共に合同で記念式典（10月17日）・関連行事（記念講演・展覧会・慰霊祭・音楽会・運動会など）を行っています。内容については、次項（第３章３の「⑶　戦時期の様相」）で語りましょう。

ここでは創立25周年を迎えて、在学４年生（河合ふじ子）が「梅檀《せんだん》はたくましゅう」と題して学校への想いを語っています。その手記の一端を紹介しましょう。（注22）

「限りなく深く広い学問の道。自分の愛する道を貫くことこそ、少女の持つ美しい特権……。私の血潮は燃えます。よりそって立つ梅檀の幹にも、血潮は流れている。伝統の血は、脈うっています。ほのぼのとした暖かさにつつまれながら、ただ私たちの学校は、美しいと思うのです。

現実はどんなにいとわしいものでありましょうとも、私達はいのち豊かに生きます。北押切の梅檀のにおうこの一画は、美わしい師弟愛と友愛に満ちた楽しい学び舎《や》です。

図2　愛知県女子師範学校及び愛知県第二高等女学校平面図（昭和15年）

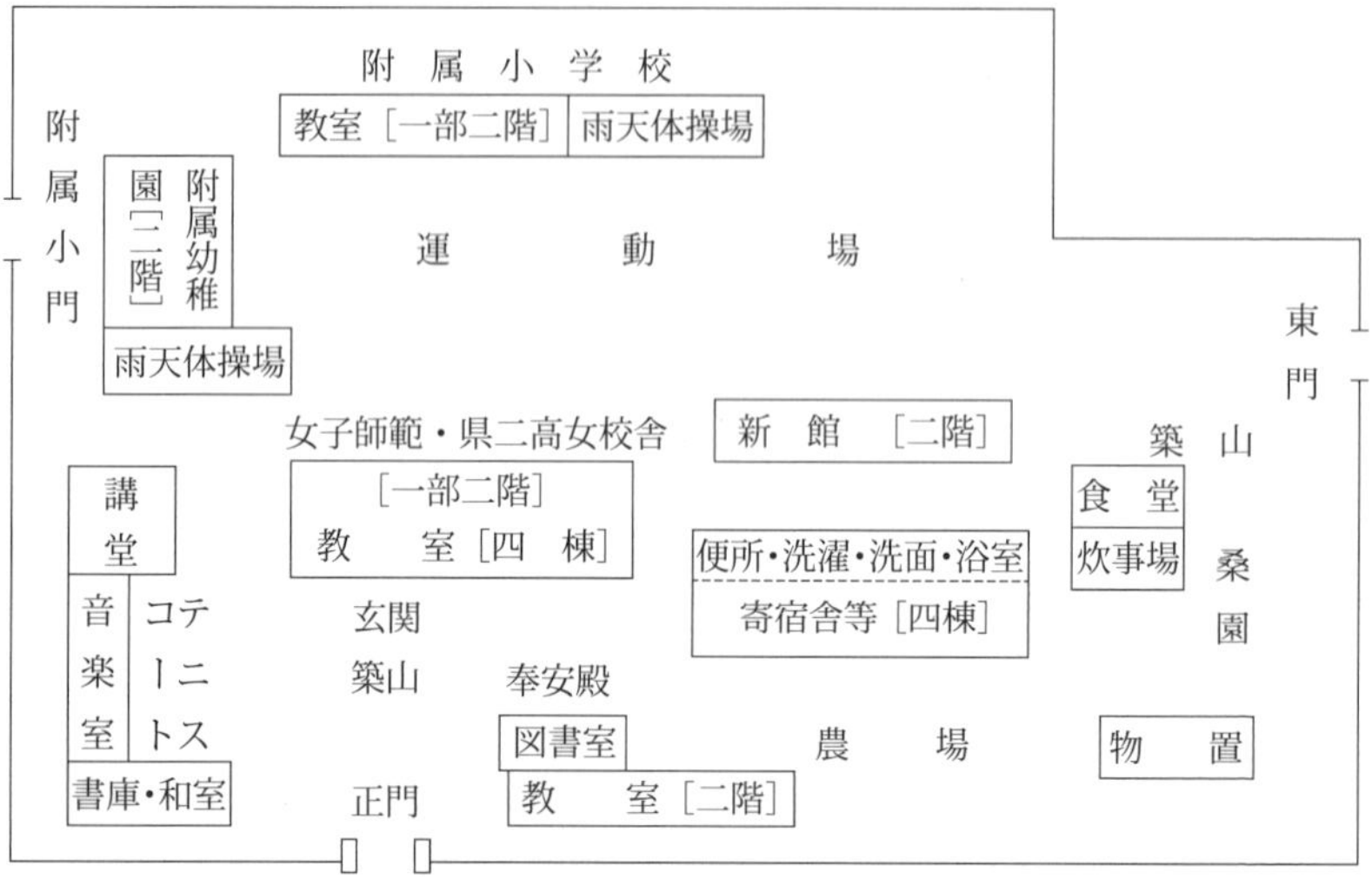

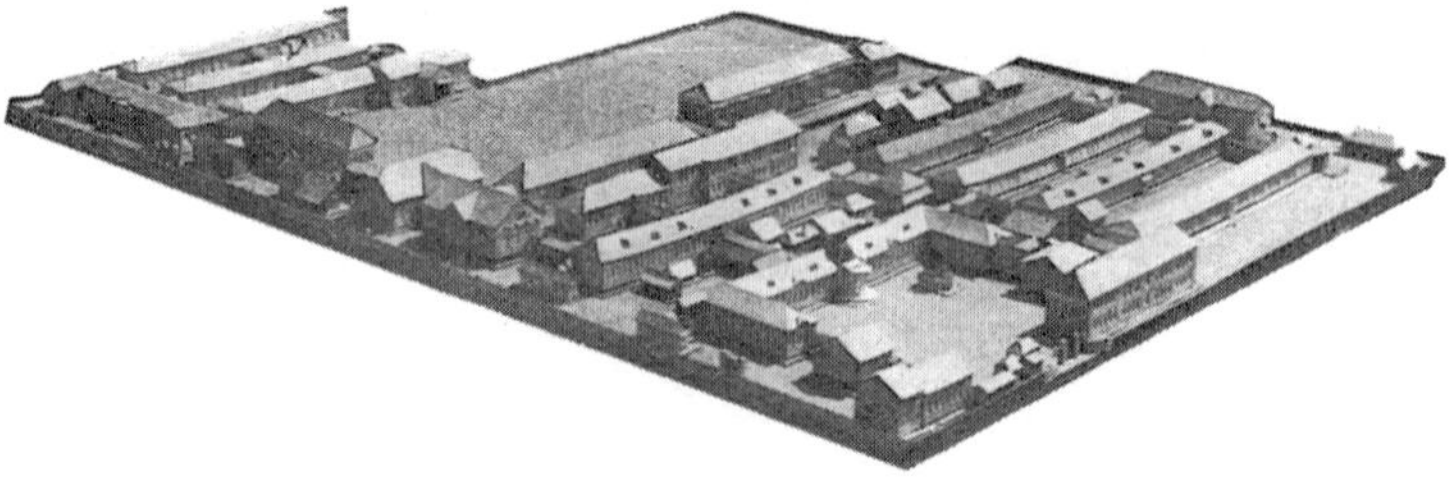

校舎全景

ここで少女の情熱は、育てられます。

どんな社会が、これからの女性に重圧を加えましょうと、自分の信念を貫く新しい情熱を、梅檀の葉影で胸底深くしっかりと抱いています。（中略）

私も美しい足跡が残したい。何かを残して生きたい。梅檀が一枝伸びれば、それだけ学校も伴います。《どうぞ永遠に若く清らかに育って下さい》と希《ねが》うばかりです。」

戦時下の昭和18年には、名古屋市内公立五高女に学区制が実施され、また修業年限も戦火が激しさを増し1年短縮し4年卒業となっています。

昭和20年5月14日の名古屋大空襲は、名古屋城及び愛知県女子教育の歴史と伝統を誇る県二高女をはじめとするこの一帯を、一瞬にして廃墟と化してしまったのです。

この物語の主役たちには、開学以来最も辛く、悲惨で残酷な長い長い一日となりました（本章「6　名古屋大空襲と廃墟からの復興」で後述）。

今日、当時をしのぶものは全くないも同然です。

唯一県二高女のたたずまいを記した校地平面図（昭和15作成・愛知教育大学附属図書館所蔵）が、1枚現存しており焼失前の県二高女の校舎などの全容を概観することができます。その概略図（筆者が平図面をもとに文字化）は、前ページのとおりです。（注23）

3　学校の組織と教育の内容

(1)　県二高女の指導組織

校務の分担（注24）

学校内規は、一般規程、教務、舎務、事務、学校准規（学友会・校友会・温旧会・双葉会など）の五規定（昭和15年）からなっていました。

その内、一般規程の「校務分掌規程」を紹介します。

「校務分掌規程」は、その名のとおり、学校の仕事の分担を決めたものです。

教務主任のもとに四部（庶務部・智育部・訓育部・体育部）があり、各部の指導組織は、おおよそ次ページの表1のとおりです。

今日の学校の組織に似たところがあります。

表１　愛知県女子師範学校及び愛知県第二高等女学校　校務分掌規程

庶務部

記録文書係・諸表簿及び教科書係・給費諸品配給係・教育諸統計係・儀式集会係・校内放送係・職業指導係

智育部

教授時間割係・教科主任・職員研究係・参観見学係・課外指導係（趣味の指導、裁縫の指導、上級進学指導等）・郷土教育係・図書係・映画教育係

訓育部

学級主任・週番・清潔整頓係・校外救護係・通学生係・訓育部会係・自治会係（師範部会、高女部会、級会、総会）・寄宿舎訓育係＝舎監（寄宿舎を管理・監督する人）・作業係

体育部

医務衛生係・課外運動係

教育綱領と生徒信条

教育綱領と生徒信条（女子師範・県二高女）については、以下のとおりです。

教育綱領

一　教育理想　皇運扶翼《ふよく》〔皇室の繁栄を助け守ること〕

二　校　訓　至誠日新〔各人の誠実さが日々すばらしくなること〕

三　教育方針

イ、国体〔天皇中心の国のあり方〕の本義〔本来の意義〕を闡明《せんめい》し〔はっきりさせ〕、皇国の道の先達たるの修練を積み至誠尽忠の精神に徹せしめんとす

ロ、皇国の使命を明らかにし職分を尽して皇謨《こうぼ》〔天皇のはかりごと〕を翼賛〔補佐〕し奉るの信念と実践力とを涵養《かんよう》〔少しずつ自然に養う〕せしめんとす

ハ、学行〔学ぶことと行うこと〕を一体として心身を修練せしめ温良貞淑にして資質〔生まれつきの才能・性質〕を尚び協同と勤労とを重んずるの気風を作興《さっこう》〔盛んにする〕せしめんとす

生徒信条

一　宣戦の詔書を奉体《ほうたい》し〔心に刻み〕あくまで必勝の信念を堅持す

二　沈着冷静流言に迷わず終始一貫学業に精進す

三　心身を積極的に鍛練し以て国土防衛に挺身《ていしん》す〔進んで身をささげる〕

今日の「愛知県立名古屋西高等学校」の学校経営案にも、「生徒信条」の項が「生徒実践目標」として継承されています。不易流行の観点から、内容の一部を紹介しておきましょう。

生徒実践目標

ア　予習復習の徹底、真剣な授業態度の確立により積極的・自主的な学習態度を身につけ、自ら学び、深く考え、主体的に行動する力を養う。

イ　命を尊び、心身を鍛え、たくましく生きる力を養い、協力と連帯の気風を育み、青春のエネルギーを燃焼する。

ウ　名古屋西高生としての誇りと自覚のもとに、規律ある態度を養い、礼節を重んじ、他とともに心豊かな生活を築く努力をし、ホームルーム活動への積極的参加と創意工夫を大切にする。（注25）

⑵　県二高女の教育内容

県二高女の教育課程は、明治36年２月制定の「愛知県立高等女学校学則」（８章34条）に基づいています。現在の中学・高校と比較してみてください。（注26）

第一章　総則

第一条　学科を分ちて本科及び技芸専修科とす

第二条　修業年限は本科を四箇年技芸専修科を二箇年とす

第二章　教授時数及び休業日

第三条　教授時数は毎日五時間とす　ただし本科は土曜日を三時間とす

第四条　休業日左の如し

日曜日、祝日、大祭日、皇后陛下御誕辰《ごたんしん》〔誕生日〕

夏季　自七月二十六日　至九月十日

冬季　自十二月二十五日　至翌年一月七日

学年末自三月二十五日　至同月三十一日

第三章　学科目及課程

第五条　本科の学科目は修身〔道徳〕、国語、外国語、歴史、地理、数学、理科、図画、家事、裁縫、音楽、体操とす

第六条　外国語は英語としこれを随意科目とす

音楽は学習困難なりと認めたる生徒にはこれを課せざることあるべし

その後大正期から昭和10年までに数回改正されました。主な内容を紹介します。

①　大正５年「体操」の内容に、「教練」（軍事訓練）を加え「体操・教練・遊戯」とする。

②　大正12年　週授業時数の増加が行われた。（29～30時間を34時間へ）

これは郡市町立高女の県移管に伴う改正であり、地域性に配慮した措置（裁縫などに重きをおく）

③　昭和７年「法制及経済」に代わって、新たに「公民科」（第３・４学年履修、各１時間）が加えられ、愛知県では、昭和10年度から実施。（注27）

戦時体制のもとでの教育

一九三一（昭和６）年９月、満州事変以降の戦時体制の進展とともに、昭和12年「教育審議会」が設置され、教育全般の刷新・振興策を審議しています。

その結果小学校令を改正（昭和16年）し、新たに国民学校令が公布され、小学校は「国民学校」となります。

明治以来なじんできた小学校を、この時期になぜ衣替えするのでしょうか。

それは義務年限を、初等科（６年）・高等科（２年）の８年に延長して、皇国民の教育を徹底し、国民のレベルアップを図ろうというものでした（実際は、戦争の激化に伴い幻

と消える）。（注28）

愛知県でも、国民学校の趣旨など徹底のために、教員講習を三つの師範学校（第一、第二、女子師範）で行っています。

さらに中等教育については、旧「中学校令」・「高等女学校令」を統合・廃止して、「中等学校令」（昭和18）を公布しています。

・基本教科として国民科（修身・国語・漢文・歴史・地理）を中心に、理数・家政・体練（体操・教練・武道）・芸能の各科とする。

なお、武道では薙刀《なぎなた》などが国防競技として重視されました。

・外国語は、敵性語として随意科目とする。（注29）

太平洋戦争の進展に伴い、高女生も社会奉仕への参加が強まり、「学校報国隊」が結成され、勤労動員が強化されていきます（本章「5　学園生活にみる生徒たち」の「(6)　動員の日々」を参照）。

4　県二高女の教育活動はどのようになされたか

(1)　県二高女の授業風景

自学自習のすすめ

この物語が始まるころ（大正初期）、世の中は新たな社会の風の中にありました。新教育運動（大正自由教育）も起こっています。

先生は、この物語の主役たち、すなわち県二高女の生徒に自学自修をもとめました。

教室は教える場所から学び習う部屋となり、学習室と呼んでいます。標本室も自修室とするなど、本人の自主的学習を大切に

講堂での唱歌学習（大正９年ごろ）

し、育んでいこうという学園の雰囲気（指導精神）がビンビンに伝わってきます。

学級会も自立会とよんで、代表を選出し諸活動の自治的取り組みを期待しています（運動会、遠足、一坪農園、海水浴など）。

教室ではクラスメートが、陽のよく入る明るい教室の決められた席で、授業を受けています。寒中は教壇の横一段下の隅に、木の角火鉢が置かれ炭火が入れられました。

科目により教室を移動し、それぞれ雰囲気のある教室で授業を受けています。特に博物室の階段教室は、人気が高かったようです。

女子師範の施設・設備を共用しているので、理科の階段教室、和室の作法室・裁縫室など立派で、オルガンの練習室なども自由に使用していたようです。他校から羨ましがられています。（注30）

授業中の雰囲気――頑張り屋の県二高女の生徒たち

授業の雰囲気は、どうだったのでしょうか。

昭和10年に附属小に入学し、卒業後、昭和16年に県二高女に入学した生徒（丹羽よ志子）の手記・聞き取りなどをもとに紹介します。（注31）

「在学中は、女子師範と一緒であったので皆強い意志をもって、今の学生など想像も出来ない頑張り屋だった」といいます。

半田高女から転勤してこられた数学の先生は、「何を教えても吸取紙の様に吸取られて、恐ろしくなった」と言われたほどでした。それでもまだ「県二高女の生徒はおっとりしているが、師範の教室へ入って行くと殺気があふれていて怖い」と英語の先生は語られたといいます。

当時師範本科は、高女2年修了者と英語がはじめての高等小学校卒業者が入り交じっての授業でしたので、先生も生徒も大変に厳しいものがあったことは十分想像できる話ではありますが……。

生物の授業――採集でてんやわんや　「1年ごろは『博物』といって、『植物』と『動物』とに教科書が分かれていましたが、後で『生物』に統一されました。1年の夏休みの宿題に、植物標本を50種作る仕事を申し渡され、郡部の人たちはともかく市内に住んでいる者は大変なことでした。そのために郡部の友達の家へ押しかけていったり、学校の花壇や温室から失敬したりして採集地の記入に困ったり、てんやわんやでした。でも名も知れぬ雑草の名まですっかり覚えることができ、今になっても忘れずに役立っています。

海の家の1週間のうち、自由時間には打ち上げられた海草を拾い集めて塩抜きをして押しました。

2年生の夏休みの宿題は、昆虫採集を50種類揃えることで田舎の親戚に泊りがけで出かけ、必死になって集め、名前を全部教えてもらいました。」

物理・化学の授業――水素実験中に爆発　「実験をやろうにも薬品が入手困難、また材料器具もなかなか得難く、なんとなく親しみがもてませんでした。化学実験室で先生と一緒に水素の実験中の出来事は今でも鮮明に思い出します。先生の実験道具が突然爆発し、フラスコやガラス管など皆天井まで飛び上がり、私たちはまったく度肝を抜かれました。幸い生徒は皆無事でした。」

習字の授業――新聞紙で練習　「習字の時間は、1日1枚主義といって、新聞紙を半紙の大きさに切り、裏表ともに真っ黒になるまで習いました。先生は私たちが少しでも練習するように計画してくださいましたのに、生徒の我々は『先生は、あのたくさんの紙をどうするのかしら』と、とんでもないことを話し合っていました。今では恥ずかしい限りの態度でした。」

裁縫の授業――先生に感謝　「その時間にすることを、先生は図解もしっかり入れて全部黒板に書かれました。それを裁縫帳という硬い表紙の方眼紙のノートを購買部で買って、きれいに清書して作品と一緒に提出する決まりでした。指導に当たっては大変厳しい先生で、『お嫁にいってからも役立ちますよ』が先生の口癖でした。しかし私のような不器用な者は、作品を作るのは毎晩泣く思いでやって行きました。

でもそのおかげで生涯自分の着るもの一切を自分で仕立てることができました。２人の娘の服も、大学卒業するまでは仕立てました。先生のご恩は本当に有難いと、大人になってからやっと分りました。

早縫競技会では、２年生は肌襦袢《はだじゅばん》。早い人は１時間ちょっとで縫い上げ、２時間後の休憩までに半分ほどの人が出来上がりました。３年生からは、英語・家庭・裁縫（手芸）のどれかを選択することになり、手芸の方たちはカバンを作っていました。」(注31)

余談ですが一九二三（大正12）年９月１日は、関東大震災が起こっています。愛知県から衣類の裁縫依頼が、各高女などにあったと思われます。

９月17日に県は、大震災の実情を撮影した活動写真の映写会を、県一高女の講堂で午後６時から行っています。女子師範・県二高女生も、速報に見入ったといいます。(注32)

このことからも県一高女と同じように、県二高女も救援活動に参加したことがうかがえます。

国語の授業——短歌への関心　「生徒たちの短歌への関心が、山崎敏夫先生（戦後県立大学教授・学長歴任・現名西高校校歌作詞者）の指導のおかげで高く、卒業後活躍されている人たちが多いということです。それから松田好夫先生（戦後愛知学芸大学・中京大学教授歴任）の万葉集の講義で、国語が好きになった生徒も多いですね。

書取り大会にはずいぶんと追いまわされました。通学途中の関西線・市電の中で大方勉強しました。おかげで今でも漢字は強いです。」（注33）

(2) 県二高女の主な学校行事

修学旅行――やっと着いた宿が泊めない宿

修学旅行は、関東と関西とが交代でありました。5泊6日の豪華な旅行だったようです。開学当初の修学旅行について、2回生がこんな思い出を書いています。

関西旅行の振り出しは法隆寺であった。一行は、3年生30名（1回生）及び2年生45名（2回生）であった。五月の初めであった。見学がすみ目指すは、高野山登山である。王子駅から汽車で高野口に下車したのは1時過ぎでした。

足の丈夫な私どもグループはいつも先頭を登って行きました。そのうち日長な春の日もようやく陰が長くなって疲れを覚えたころ、不動坂へとさしかかりました。ぼつぼつ路の脇へ立ち止まる人が目立ち始めました。やむなく袴の下からしごき（モスリン）をはずして二結びにつないで足の弱い人をとまらせ、掛け声「よいしょ」「よいしょ」と登り始めました。

その時、頂上のお寺から出迎えの坊さんがつきました。日はとっぷり暮れて真の暗さ。細いローソクをつけた五つの提灯の明かりをたよりに……進む心細さ。最後の努力をしぼってやっと思い出の目的地へ、泊めてくれない宿についたのです。

親王院といって金剛峰寺と共に今まで止宿させたことのない寺だそうです。その寺を追われて、止むなく３年生の止宿先常喜院へと重い足を運びました。

何の因果か、悲しい思い出は、今でも時々思い出し、ぞっとすることがあります。12時過ぎ、ねむい眼をこすりながら入浴すれば、男の先生が入浴しておられ、びっくりして飛び出すやら。やっとのおもいで床につけば、高い木枕で閉口するやら、朝になって出かけようとすれば、下駄の歯がペチャンコで金四銭也の直し代を、金二十銭也でびっくりしたり、思い出は次から次へ止む所を知りません。（注34）

厳しい耐久遠足

開学以来の行事として修学旅行のほかに、耐久遠足（当初は健脚デー）があります。季節は冬11月３日（後年は12月１日）と決まっていました。早朝まだ夜の明けないうちに、提灯をつけて運動場に集合し（家が遠い者は、寄宿舎に泊まる）、距離にして５里（ただし女子師範・６里以上）～12里、体力に応じてコース・距離を決めたといいます。

知多半島往復とか、岐阜（帰りは汽車）、岡崎（帰りは電車）、瀬戸鹿乗橋方面など早い者（走りつづける恰好）でおよそ4時間、ビリの人は夜になって、先生方は提灯をもって探しに行ったとか。

帰ってきて食事もとらないで寄宿舎の布団にはいずるようにして、翌朝まで寝てしまった人とか、途中棄権してしまい先生が家を訪ねると、風呂に入っていたというちゃっかりした生徒もいたようです。

総じてきわめてきつい学校行事であったことが手記などからしのばれます。服装は、体操シャツに提灯ブルマー、黒の長靴下（女性が素足を見せるなどとんでもない時代、夏でも冬でも黒の長靴下でした）が、昭和17年頃から物資が不足し夏ははかなくてもよくなったといいます。

耐久遠足

昭和18年の時には、体操のオリンピック選手の先生が新卒赴任され、先生の提案で耐久遠足1ヵ月前から、帰宅前に全員トラックを2周して帰ることになり、記録がアップした

ということです。(注35)

長距離の耐久遠足にたいして、春季には短距離の近郊マラソンが行われ、これは1里の行程であったようです。

ロマンチックな海の生活

開校当初から、海水浴はあったようです。当時の女学校の行事としては、珍しがられています。参加した生徒（2回生・立川くら）たちには知多半島の大野の海音寺での生活は、いい思い出の一つになっています。枕辺近く波の音をコーラスに聞き、なんとなくうれしく、またある時は、父母のささやきにも似て懐かしく、ロマンチックな思いにひたり楽しい夏を過ごしたといいます。

当時の海水着は、白の晒木綿で着物を作りそれで泳ぐのですからたまりません。裾は海面にひろがり丁度《くらげ》の遊泳に似て自分ながら吹き出します。浜辺にあがれば裾が足にからんでその不快なことと語っています。(注36)

「今までは有志（師範は強制参加）の臨海生活でしたが、戦争の真只中の18年夏は海国日本・国民皆泳ということで、3年生208名は全員強制的に参加しています。軍隊教練式の厳しい水泳訓練でしたが、そのおかげで皆泳げるようになり大喜びでした。

学年後半は工場生活中心で修学旅行にも行けなかったので、再び帰らぬ青春の貴重な、

楽しい思い出になっています。」(注31)

活発な運動会

「私達1年生は、4人1組で1本の竹棒を持って集団体操をやりました。200名そろって『暁に祈る』の軍国歌をバックに見事な集団演技で大拍手でした。またその竹棒を2人で担いで逆上がりをしたのには、皆びっくりしていました。今ならどこの小学生でもやっているが、当時はできる人が少なくお転婆揃いの私たちの姿は感心するより呆れられたと思います。私たちの学年では自転車に乗れない人が、クラスの中で2～3人でしたが、上級生の人たちは乗れる人が3～5人位しかいない時代でしたので、いかにお転婆の集まりであったことか……。」(注31)

後日談でありますが、2年生の時「また竹棒体操をやろう」と校内を探しましたが、竹棒が学校農園の肥桶を担ぐ道具に早変わりしていて大笑いとなったとのこと、戦時中の課

運動会風景

外活動の一端がしのばれます。

書取り大会（全校書取りデー）

書取り大会用のテキストが昭和10年ごろになって、学校で自主編集されています。国語科以外の数学とか裁縫とか体操などでも、これだけは知っておかなければならないという文字を各科から選出し、それをもとに、上級用と下級用とに区別し作成された極めてユニークなものでありました。評判がよくてよそでも使われたとのことです。

「小冊子（100ページくらい）に、漢字と裏に仮名が書いてあるのを使って、その学習の成果を問うものでした。前期は夏休み後、後期は冬休み後に、昼休みをはさんで書取り大会が行われました。

学校放送を合図に全校一斉に競技があり、ゆっくりでは最後までやりきれないので、わかるのからやりこなしました。採点後百点満点の人の名前全部が中央廊下に張り出された。その時は黒山の人で、自分の名前を探すのに難儀しました。でも書取り大会のおかげでずいぶん学校中漢字に強くなったと思いました。」（注31）

個人戦に加えて、団体戦で、この物語の主役たちは、自分たちの学級の名誉をかけて平均点を競い合うのですが、女子師範にはかなわなかったようです。

楽しかった音楽会

毎年秋には、運動会と並んで音楽会があります。ふだんの音楽教育は、レベルが高く指導も厳しく、生徒たちは必死だったといいます。「ガンピ」という言葉が、生まれたほどです。

音楽会風景

これは起床の鐘が「ガン」と鳴ると、「ピッ」と跳ね起きて音楽室やオルガン練習室へ走る。ここから「ガンピ」なる言葉が生まれたという。検閲が近くなると、通学生も「ガンピ」する友達に負けないよう、一層早起きして登校したというのです。

音楽会が迫ると、県二・女師合同のコーラスの猛練習に明け暮れます。真鍋美代先生のピアノ伴奏、須田先生の指揮の下で、壇上一杯になって「ハレルヤ」「グローリア」「流浪の民」など懸命に唄ったのでした。

音楽会当日、独唱したある生徒は、壇上へ上がってみたら、全く何も見えず目の前の傘のついた裸電球が一つボーと見えるだけで、他はなにも見えない。そして歌詞を忘れたり、一番と二番を間違えたりで冷汗びっしょりだったといいます。

別の生徒は、須田先生のご好意でマンドリン・バイオリンクラブが、クラス有志25名で始まるが、1年ほどで瓦壊して大変残念だったので、二つ下の妹と先生の家へ稽古にうかがったそうです。

そして姉妹で、友の伴奏によりバイオリン練習曲二重奏を奏でたという。あとで真鍋先生からも褒めてもらったのが、いまも忘れられないといいます。

それから須田先生の音楽学校の友人・藤山一郎さんが、ときおりアコーデオン持参で特別出演され拍手喝采だったそうです。(注37)

多くの生徒が、音楽会の楽しかったことを思い出の一つにあげています。

もう一つの音楽会は、音楽部主催のものがあります。随時、東京音楽学校など外部からも演奏家を招いていています。

そしてコーラス部門も、県下では無敵の存在になっていくことになります。

春の雛祭り（やがて紀元節の日へ）に合わせて、音楽会を講堂で開催していますが、一般公開で立錐の余地もないほど満員で、大好評だったということです。

5　学園生活にみる生徒たち

(1)　学園生活――生徒たちの思い出

卒業生（2回生）の手記から、当時の学園生活を見てみましょう。（注38）

「カシミヤの袴の裾に Two white lines が、印象的で御座いました。足には白足袋をはき、［ひより］ばきでからころ白に元禄袖を重ね、頭にはさざえのつぼやきいただき颯爽として通学いたしました。」

「学校は広大なる敷地と当時としては立派な校舎、白亜の講堂、校外は、田園が広がり、西側に笈瀬川が流れていました。校舎の北には広い運動場があり、その向こうには個人園といって私ども一人一人に一坪農園をいただきました。砂地ですから最初は落花生を植えました。

それからは枝豆を、コスモスその他季節の花を作ってみました。個人園は色とりどりのよそおいに、ほんとうに楽しみの一つでした。

放課後を利用して校舎の最北端まで遠征いたします。そこには土筆、たんぽぽ、れんげ草が咲き乱れ、まるで楽園でした。この楽園にも一夜暴風雨が襲い、笈瀬川が氾濫して、一面海と化しました。学校の金魚はどんどん流れて、道路に泳いでいました。」(注38)

白い襟カバーのセーラー服の制服になったのは、大正末から昭和にかけてです。双葉のついた七宝焼きの校章もそのころできています。黒い長靴下に黒靴、大方がおさげ髪。戦時中には全国統一の国民服的な服が併用され、バンド付のへちま袴で、夏はスフポプリン、冬はスフサージのお粗末なものとなっています。やがてズボン〔モンペ〕が登場し、運動靴も買えなくなり、下駄履きでも通学を許されたようです。

(2) 寄宿舎生活(注39)

全県下から生徒が入学してくるために、通学が困難な者は、女子師範生の寄宿舎に同居しています。寄宿舎4棟平行に建ち、黒光りの廊下で教室とつながっています。3棟にはおよそ10部屋ずつありましたが、残る1棟は修練道場・閲覧室・自習室・特別教室などにあてられていました。

それぞれ24畳一室に7~8人が生活を共にしたのです。陽当たりのよい南の窓辺には、一列に机とザブトンが並んでいて、そこで勉強です。食堂とか洗濯場、風呂場・便所は別棟となっていました。

冬には各部屋には大火鉢が置かれ、談笑に花が咲いたものでした。その時代炭代も、大変であったと思います。中庭には季節の花々が咲き乱れ、寮生の心をなごませたことでしょう。

舎監《しゃかん》の「お廻《まわ》り」

消燈までには毎日舎監の巡視指導がありました。

各室ごとに最上級生が室長に選ばれ、舎監の指導をうけた室長（室長会議）は、部屋をまとめる役割をになっています。寮の門限（17：00）をはじめ、生活規律など厳しかったようです。それ以外はかなり自分たちで活発に活動をしています。

時には、こんないたずらをして楽しんだといいます。

週番の室長を従えた舎監の「お廻り」と呼ばれる指導の合間をぬって、本棚をゆすって人工地震をおこし、隣室の驚き慌てぶりをみて楽しむ生徒たちもいたというのです。

いつの時代にあってもこうしたいたずらは、後を絶たないということですね。

また外食とか持ち込みは禁止でしたが、近所の押切駅（今日の名鉄が、大正11年名古屋市に市内路面電車を譲渡し市電の押切駅へ。本学生徒たちの通学乗降駅。なお大正元年から名鉄一宮線開通後の乗降口は当駅なので、大変なにぎわいだったという）界隈の生菓子店に出かけて、お茶とお菓子とくに夏は氷を食べて、帰りにはまたお菓子をお土産に買ったといいます。食欲旺盛な年ごろですので、食欲には規則も通用しなかったようです。ピアノの検閲が厳しかったので、日曜日になるとピアノの取り合いで、一日中鳴っていたといいます。

それから外泊が気になるところですが、土曜日・日曜日などを活用して出かけています。願い出ると学校が、保護者に確認後外泊が許可されています。それも学園生活の潤滑油になっていたことでしょう。

寄宿舎生の一日

1日の生活の流れは、およそ次のとおりです。

5：30（冬6：00）起床（の鐘）＊30分早くなる時もあり

掃除・黙学・朝礼・朝食（食堂）

8：00　登校（黒光りの廊下づたいに校舎へ）

9：00　授業（平常5時限・土曜日3時限＊流動的）

12：00　昼休・昼食（食堂）＊当初全職員、昼食は食堂（先生・生徒の絆、深まる）

寄宿舎の様子

15：00　清掃後下校　随時部活動
17：00　門限・入浴（舎監・上級生・下級生の順厳守）＊夏17：30
18：00　夕食（日曜日の晩に、一週間の献立の掲示）
　　　　＊部活で遅くなれば、冷えたご飯止むなし
19：00～21：00　黙学（舎監の巡回指導）
21：30　ラジオ体操（廊下）・消燈　（試験期には、とても覚えきれず、押入の中に電燈を引き込み、夏は蚊にさされながら内緒で勉強したという。）（注39）

後日談ですが、県二高女に奉職された中尾隆定先生（在職昭和15年4月～18年3月、戦後名古屋市立短期大学教授・学長歴任）をご訪問し、当時の思い出話をうかがったことがあります。

当時のことよりも先生の子どものころのことを話され、姉が女子師範に在籍し寄宿舎生活をしていたということ。そしてある日姉から頼まれて、大変な思いをしながら電車を乗り継いで、品物を寄宿舎に届けられたそうです。

その日は、カミナリもして危ないから、寄宿舎に泊まっていくように勧められたんですよと、予期せぬ体験を微笑みながら語られたことが、昨日のことのように思い出されます。

(3) 農園作業の楽しさと辛さ

開校当初は、広い校地内の最北端に「農園」を設けて、教職員・生徒全員で農園作業（個人園として当時は1坪農園と呼んでいる）に当たっていたのです。

砂地のため最初は落花生を植えたり、枝豆その他コスモスなど季節の花々を作り、その色とりどりのよそおいが、本当に楽しみの一つであったのです。

やがて農園には、附属小学校・幼稚園校舎が建ち、「農園」は地域の人たちのご支援で、校外近くに1町歩ほどの畑が用意され、個人園としての取り組みは継続されています。

しかし戦時体制に突入すると共に、「修練」の一環として農園作業が毎週2時間課せられるようになっていきます。なかでも桶に肥を一杯入れ、二人でかついで行くのは、戦時といえども女子生徒たちにとっては大変つらい作業でした。

麦の収穫に際しては、裁縫の手鋏を使って穂を切り落として、風呂敷に包んで帰り体育場と講堂との間の中庭にむしろを敷き、穂をひろげ竹の棒で両側からボンボンとたたいて脱穀したといいます。体中がかゆくなってしまったそうです。生徒たちの苦労がしのばれます。

キュウリやナスは、夏休み中ですっかり溜まってしまい、一山（風呂敷一杯）10銭で買

い、家まで下げて帰ったといいます。おそらく腕が抜けそうだったと思います。（注40）

⑷　部活動の活躍

県二高女の部活動は、質実剛健の校風の基に薙刀《なぎなた》部・弓道部をはじめ庭球部・排球部〔バレーボール〕・籠球《ろうきゅう》部〔バスケットボール〕・卓球部・陸上競技部・水泳部・登山部などがありました。また文化部には講演部・茶華道部・園芸部・音楽部・雑誌部などがありました。

県下に颯爽《さっそう》たる姿を示す薙刀部

部活動の様子について、当時の「薙刀部」顧問として指導に当たられた教員の手記と部員として活動し卒業後今日にいたるまで、その分野で活躍されている方の思い出の手記を紹介します。

「女子に武道を、と当時着任間もない瀬谷校長の御熱意あふれる要望にて運動部の中に『薙刀部』が加えられましたのが昭和9年の春以来のことでありました。母校は特に質実剛健の躾を尊んでいましたので、薙刀のきびしい訓練は自分が身につけてみて大変身近に感じられました。教える方も、習う方も、無からの出発にて、涙ぐましい努力のかたまりであったように今になって思います。……

部員の熱心な精進により日を追って基礎もきずきあげられ、いつとなく県下に女子武道かくかくとして颯爽と行くかっこうとなりました。……日米戦雲そろそろ濃くなりかけましたころ、再び体育指導要項の改正があり、『女子に薙刀を課すべし』とされ一躍正課として課すことになりました。

雨天体操場を道場として一組全部が使用する薙刀を整備し五十余人の生徒が力強く腕にかい込み立った姿は涙ぐましいまで壮観でありました。」(注41)

「今は空襲のため、跡片もなく焼けてしまいましたが、いつも、美しく拭き清められた道場で、正座し、先ず神前の礼から始まる。今もその道場の様子が、ありありと頭に浮かんでまいります。……

落着きのない私が、この薙刀部に入れていただき、先ず感じましたことは、やはり肝っ玉のできたことでございます。それはあがらないこと……一心になれることでございます。卒業後、現在に至るまで、薙刀を続けさせていただいていますが、健康の上にも、日常生活の心の持ち様にも、どんなにプラスになっていますことか、年の経つほど有難く思わせていただいております。」(注42)

卒業後、彼女は恩師広庭先生の勧めで京都の武道専門学校の薙刀術教員養成所に入所し、朝5時起床、夜10時就寝まで稽古という厳しい1年間の修行を終えた後、しばらくして母校県二高女の薙刀の教師として奉職されます。

生徒とあまり年齢差がない中で精一杯頑張り、今日まで全国レベルで、薙刀の競技力向上・普及に活躍してこられたのです。

籠球部の全国的活躍

籠球部が県二高女に誕生したのは大正15年のころですが、昭和5年には東海代表として明治神宮奉納全国女子籠球大会に出場しています。優勝戦で惜敗しましたが、それから県二高女の輝かしい活躍が始まります。

昭和6年入学と同時に籠球部員として活躍された卒業生の手記を紹介します。

「その中で厳しい運動精神を叩きこまれた。そしてこの選手生活は私の一生にどれほど貴重な体験として残ったか、いい尽くせないものがある。

授業は毎朝9時に始まる。私共は7時前には登校する。授業開始10分くらい前まで猛練習。もちろん昼休みも練習。試合前ともなれば、授業間の10分の休み時間でもコートに駆けつける。コートに飛び出す。

授業後は……寸刻を惜しんでの行動。練習の内容は極限に近く厳しい。……どんなにのどが渇いていても、勝手に水を飲んではいけない。……」（注43）

雑誌部――戦時でも文芸活動

校友会（県二高女）誌『校友』第1号は、大正5年5月創刊です。同窓会（双葉会）との合同機関誌でした（昭和11年、同窓会は独立して『双葉』を発行）。学友会（女子師範）誌『華樹』第1号が発行されたのは、昭和6年2月のことです。両校誌が昭和14年に合併して、『双華』という新誌名で発行されるようになります。双葉と華樹の中から一文字ずつを選んで、新誌名が誕生したことがうかがえます。

さらに《双つの華が、手を握って親しく相並ぶ》と称されて、喜ばれています。(注14)旧職員・安藤見一先生の言葉をかりれば、「よい学校よい先生よい生徒、いうまでもなく師範と高女は一つ、師範は高女によって明朗に、高女は師範によって堅実に。不可分。同一のよき学校、同じ先生」ということです。「不可分」とは、言いえて妙です。

余話（旧職員・田中大治郎先生による）になりますが、校内歌誌『国風』が、昭和13年12月職員有志で創刊（職員・県二高女・女子師範生徒の作品など収録）されています。編集は国語科の先生が当たり、女子師範の官立化（昭和18年4月）直前までに二十数号（4号から活版）が発行されています。戦時にあっても、文芸活動を忘れなかった情念は格別です。

(5) 学校生活断章――青春の只中に

本校が最も充実・発展した大正末期から昭和初期かけて学校生活を送った卒業生の手記を紹介したいと思います。当時の学園の雰囲気がうかがえてほほえましいかぎりです

「記念写真のおりには必ず背景になった正面玄関の車寄せ、その前面に築山、それをめぐると丸く囲んで植え込まれた沈丁花のあまい芳香、なつかしい……。左右にテニスコートが二面（一面は、そこに後に奉安殿建立）、授業が終わるのを待ちかねるように、用具室からラケットを取り出し打ち興じるあのころの私たちの無邪気さ……。

築山を挟んで延びたコンクリートの舗道は、右は玄関へ左は花壇から音楽室・一般教室・講堂・運動場へと長く、私たちはそのころ流行し始めたローラースケートでその舗道を滑ったものです。校舎の合間には、ブランコ・遊動円木・ピンポン台があり、これらは何でも面白く毎日日の暮れるまで遊びまわった私たち……。

運動場では毎週水曜日の昼休み、女子師範とも合同でカドリールを踊ります。それが無性に私たちは楽しくて……。放課後ソフトボールもよくやりました。時に塀を越え遥か向こうに流れる笈瀬川まで飛んだことなど、運動場にまつわるエピソードは限りなく続きます。

広大な私達の学園の地続きに園芸場があり、陽の落ちるまで運動に熱中しペコペコになった私たちの胃袋に、ここでのもぎたての果物は甘露甘露でした。」（注44）

当時物語の主役たちは、若さと元気にあふれ、青春の真っ只中にあったことが伝わってきます。個々人の生活は質素であったかもしれませんが、先輩たちと交流できる喜びに満ちあふれています。

厳しい部活動を含めた学園の生活と学びの場は、同時に人格を陶冶する修行道場と心得て、仲間たちと創意工夫し学校生活を存分に活かし、自らを鍛えていった様子がうかがえて頼もしい限りです。

⑹　動員の日々

戦争の時代へ

昭和13（一九三八）年7月、庄内川（学校から約2㎞）での砂採り作業（袋に詰めて学校まで運び、運動場を整地）が、勤労動員のはじまりです。

昭和16年12月8日、太平洋戦争の勃発《ぼっぱつ》以降、勤労動

庄内川から砂運び

員は格段と強化されていきます。

戦争が激化し、男子の労働力不足が深刻になります。そこで民間の「女子挺身隊《ていしんたい》」（14歳以上25歳以下の独身女性を対象に、職場・地域中心に）が組織され、卒業生も「学校別女子挺身隊」として徴用されています。

県二高女生の勤労動員の状況をみてみましょう。

具体的には出征兵士への慰問袋の作成、千人針の製作という余暇的なものから、傷痍《しょうい》軍人の白衣の縫製、集団勤労作業（農家の手伝い・開墾など従事・工場労働）、軍服の縫製作業（学校の工場化）など厳しくなっていきます。

こうして、女学校も労働力提供の場になっていったのです。つねに防空頭巾を携帯し、胸には住所氏名・血液型を書いた名札をつけて移動しています。

以下は、昭和18年当時の3年生が、動員状況について述べた一文です。

小牧の飛行場建設の手伝いに

「6月には楠村（名古屋市北区）へ農繁期の手伝いに行き、班におのおの分かれて、託児所・炊事場などで働きました。またその年の10月には、豊場（豊山町）・小木（小牧市）の農家へ稲刈りの手伝いに行き、きりきり舞いの目に合いました。

12月には、高蔵寺の工廠《こうしょう》へ弾薬を詰め込む仕事に3泊4日くらい行きました。マスクをかけても、つつく時にとび散る鉛の粉のため、鼻・口のへんが真っ黒になり、犬のようだと言って笑いあいました。

その後は、前後3回小牧の飛行場（現県営名古屋空港）の建設を手伝いに行きました。大曽根で集合、トラックで飛行場まで運ばれ、土をひろげたり、芝をまいたり、ローラーを引っ張ったりしました。お手洗いが無いのが、第一に困ったこと。広い場内には隠れる場所など少しも無く、トロッコの壊れたようなもので簡単に囲んだところでは、用も思うように足せず、全く泣きたくなってしまいました。

週1日の登校日を楽しみに一生懸命働く日々

昭和19年1月下旬から1ヵ月間、北前新田(港区)の住友金属へ勤労奉仕に行きました。手弁当で寒い盛りに、毎日鋳物工場で中子の芯けずりなどやりました。昼休みにはガラクタだらけの殺風景な日なたで、ひとかたまりになり《星くず淡く消えゆけり、起きよ若人意気高く》など戦争一本槍な乙女らしく歌っていました。」(注45)

「4年生は、いよいよ上級進学の勉強と意気込んでいたら、4月から動員。ついに少女趣味など味わうこともなく、お転婆娘らしく男顔負けの生活となり、お上品などという言葉は、私たちの辞書から消されてしまいました。

その後、工場からもらったひどい工員服に十文か十一文の国防色の編上靴《へんじょうか》に戦闘帽、防空頭巾、雑のうなどを両肩から十字にかけ、近鉄名古屋駅から工員電車に揺られて、八田まで行きました。そこにある三菱金属岩塚工場（中村区）に配属されました。

7時40分ころから4時半まで、まったくこき使われたというより国のためだと自分から進んで、身を粉にして働きました。

5日とれる有給休暇も返上し、週1日の登校日の来るのを楽しみにして、ススと油と砂にまみれての作業でした。でもその時は、それが少しも不満ではなく、若いエネルギーをそのことだけに集中し、今日の成績をよりよくしたいと願うばかりでした。

東南海地震に遭遇

12月には大地震があり、地盤の柔らかい工場は、思いのほかよく揺れ、歩いているものは全部足をとられて倒れてしまい、せっかく作って積み上げておいた製品も転げ落ちてしまう、といったありさまでした。」(注45)

文中に、「大地震があり……歩いているものは全部足をとられて倒れてしまい……」と記されています。筆者の地震体験の中では、この時の地震が、最大級の恐怖として思い出されます。身体が固まってしまい、どうすることもできなかったことを覚えています。

改めてその時の地震を調べますと、昭和19（一九四四）年12月7日の13時36分、紀伊半島南東沖の南海トラフ付近を震源域に発生した東南海地震（マグニチュード7.9）だったのです。死者は全体で1200人以上出ています。愛知県でもマグニチュード6～7で死者は430人以上とされ、太平洋岸から内陸部にかけて大きな被害をもたらしたのです。

しかし当時の新聞社は、報道内容など国家権力の統制下にあったのです。被害の様子は、「軍機（軍事機密）保護法」（一九三七年公布）に基づき「秘密」とされ、ほとんど報道されなかったといいます（太平洋戦争開戦と同時に、台風・地震・天気予報など予報禁止）。戦争をはじめとして真実の報道は、国民の不安を増幅させるとして被害写真などの掲載を制限し、内容も確かなものではなかったのです。（注46）この影響で、医療や物資の支援・救助は不十分だったといわれています。こうした「秘密」法の存在が、かえって市民の被害を大きくすることを、歴史が教えてくれています。

女学生が車掌に

余話になりますが、昭和19年4月以降中学生・女学生が、極限にきた人手不足で徴用された一つに「15歳、オカッパの車掌さん」デビューがあります。

女学生の車掌（中日新聞編集局社会部編『名古屋市電物語』中日新聞社，1974年。中日新聞社の許諾を得て転載。）

高等女学校では、第一陣として市立第一、続いて県一・県二・淑徳などが交代して、市電の車掌乗務についている。停留場名が大きな声で言えず、ポーとあがってしまったり、知った人にあうと、恥ずかしくて顔を伏せたという。(注47)

今までの語りを通して心に深く染み込んできたのは、主役たちが時代の荒波にも負けずに、学校生活をひたむきに過ごしたその生き様です。

耐え難い勤労動員などに明け暮れる日々が訪れるなど、誰が想像していたでしょうか。わが国は、未来を見据えた、良識ある賢い元気な女学生を育み、やがて良妻賢母になることを求めて高等女学校が増設されてきたはずですが……。

学校が工場に

ここで「学校工場」の様子を語った田中民子さん（昭和17年入学）の手記（平成20年）の一部を紹介しましょう。

「学校の玄関横の校舎が、軍服作りの工場になった。それは大量生産分業式の裁縫の流れ作業である。型を置き服地を裁断する人、身頃を縫う人、袖を作る人、縫い合わせる人、くける人、裏を縫う人、付ける人、ボタン穴を作る人、アイロンかけの人、それを検査する人など多くの部所に分かれていた。私はミシンで縫う人、『ダーッダーッ』勢いをつけて、二着か三着の服の脇を続けてミシン縫いをして、後でそれらを切り離す。まことに雑な作

軍隊用衣服の裁縫風景

り方をする……。熱い夏には、部屋がむんむんして汗をたらたら流して仕事する。着ている服は、びしょびしょに濡れた。……皆一心不乱に流れる汗も拭かず製作に励んだ。そして目標にした着数が出来上がると終了。後は自由となる。学校のプールに入ることが許される。だから早く作りあげてプールに入りたいために、がむしゃら一生懸命に仕事した。その後の水泳はさっぱりし、気持ちが和らぎ、あのころの最高の喜びを味わったのだった。まだそのころは空襲がなかったから、のんびり水泳ができた。……」（注48）

こうした女学校の工場化の様子が、新聞にも「作業場が則職員室　行学一如《いちにょ》へ教師も戦う」と題して報道されています（中部日本新聞、一九四四・6・23）。

それによると、当時11校（県二・椙山・刈谷・桜花・挙母・一宮・半田・名古屋第三ほか）で工場化が進んでいると報じています。今風に言えば、「学校崩壊」のはじまりそのものですが、教育現場の先生・生徒たちはどうすることもできなかったのです。そしてその先には「国家崩壊」が待っていることを、どれだけの人たちが想像できたでしょうか。

6　名古屋大空襲と廃墟からの復興

空襲の日々——射殺された動物たち

一九四二（昭和17）年4月には、アメリカの爆撃機（B25）2機によって名古屋は空襲をうけています。本格的には昭和19年12月13日、爆撃機（B29）90機による三菱重工名古屋工場（現名古屋ドーム一帯）近辺への大規模爆撃（死者330人、内工場関係者263名）です。当時「東洋一の動物園」といわれていた東山動物園も、同日爆撃を受けています。猛獣が逃げ出して被害が出ては困るということで、「戦時猛獣処分」（内務省からの射殺命令に抗しきれず……）が行われている（ライオン、ヒグマは以前に処分。当日はヒョウ、トラ、クマとライオン2頭、数日後クマ8頭などを処分）。

動物園の北王園長・職員の尽力で、2頭の象は生きのびます（上野動物園では、18年8月、毒入りのエサを与え24頭を処分。しかし3頭の象は、賢くて絶対食べようとしないので、やがて餓死を強いられることになります）。

子ども・市民から愛されていたなんの罪もない動物たちが、犠牲となる時代になってしまったのです。（注49）

余話ですが戦後、生き延びた２頭の象をみたいという世情に応えて、「象列車」が特別に運行され人気を博しています。

焼け野原になった名古屋――県二高女も廃墟に

執拗な爆撃がつづきます。数度にわたって目標工場（港区三菱航空機など）は、爆撃を受け壊滅させられ、目標を外れた焼夷弾《しょういだん》〔ナパーム弾〕などは民家をも破壊していったのです。

なぜ名古屋は、こんな悲惨な状況になっていったのでしょうか。

名古屋は、航空機生産のわが国最大拠点であったのです。そして関連するたくさんの軍需工場が集まっていたので、昼夜をとわず攻撃を受けたわけです。

昭和20年３月10日、東京大空襲（死者が一晩に未確認分も含め10万人というのは、戦史上稀有なこと）を成功裡に終えるや否や、アメリカ軍は12日には名古屋南部の鉄道の要所・金山駅一帯・市街地の夜間爆撃（B29、285機）を断行しています（死者586人）。

３月19日には、二度目の市街地への大空襲（291機）があり、名古屋の中心部は、すっぽり無惨な廃墟に変貌したのです。

特に中区栄をはじめ名古屋駅にいたる一帯は、焼け野原となってしまった。その時６階建の新名古屋駅ビルも炎上しています（死者826人）。

5月14日早朝（7時50分）空襲警報が鳴り、8時にはB29爆撃機524機（東京大空襲325機を上回る日本最大規模の空襲）の大編成による急襲攻撃がありました。

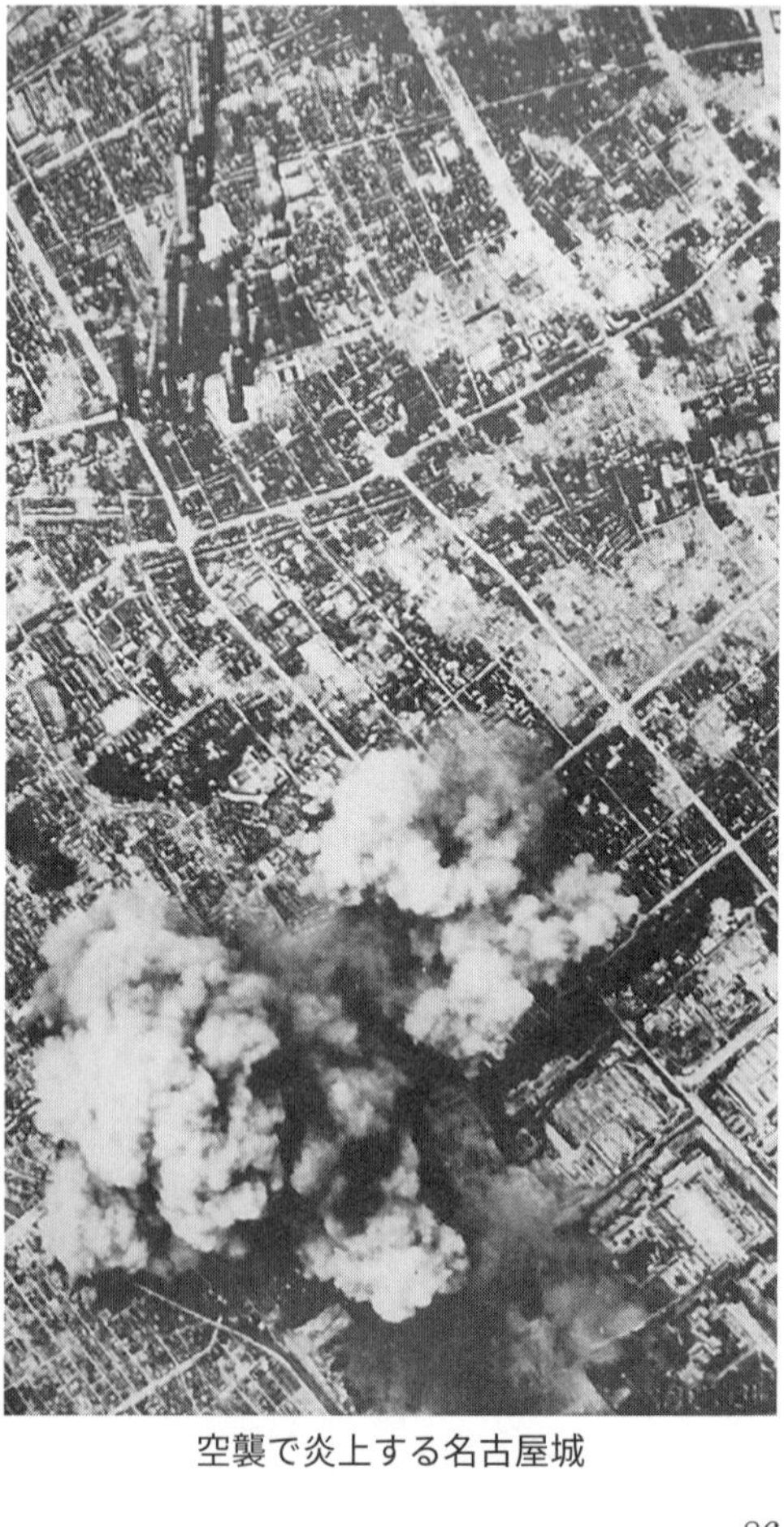

空襲で炎上する名古屋城

名古屋北部から始まった名古屋大空襲は、名古屋城一帯を全焼させ、城下の県一高女も焦土と瓦礫の廃墟（第3章の「6　第一師範学校女子部（女子師範）全焼と復興をめざして」参照）と化しました（死者276人）。

引き続き3日後には、名古屋南部の焼け残っている住宅密集地・工場群が、名古屋空襲では最大の投弾量の爆撃（457機）を受けています（死者505人）。

6月から翌月にかけては、愛知航空機（現愛知時計電機）を目標とした熱田空襲がおこっています（死者2068人、そのうち勤労動員の学生218人）。その後空襲は全県下に及んでいきました。（注50）

なお8月7日の豊川空襲では、47名の女子学生（豊橋市立高女）が、動員先の豊川海軍工廠（東洋一の軍需工場）で爆撃に遭い犠牲になっています。

名古屋への空襲回数は、小規模なものやビラ散布など合わせて、65回に及んでいます。B29爆撃機は、2579機に達しています。死者7858人、そして市街地の50％以上が焼野原になってしまい、壊滅的な破壊と多大な犠牲を強いられたのです。（注50）

先の名古屋北部の大空襲では、朝早く登校し突然の空襲に逃げ場を失った2名の生徒が、プールで亡くなっています。燃え盛る中を、命懸けでプールに飛びこんだ姿を思うにつけ、無念でなりません。

さらに眼前には、黒煙が消えやまぬなかをB29の残骸と、脱出を試みたアメリカ空軍兵のパラシュートが、校地内の裏山の木にひっかかり黒焦げになっている光景が飛びこんできました。先生や生徒たちの脳裏をよぎったものは、どんなだったでしょうか。

空襲のあった日から新たに作成・記録された「教務日誌」（県総合教育センター教育史

料室所蔵）によれば、「校舎、器具、書類全焼せり、校内に焼夷弾約千個落下」と記されています。翌日には、「校舎焼跡整理開始、一年生作業」とあります。校庭開墾とか食料品増産のことも、たくさん記録されています。

廃墟からの第一歩は、何より生き抜くことでした。涙も乾ききった主役たちは、懸命に焼け跡を片づけ、運動場を耕してサツマイモをつくったのです。（注51）

校舎・教室を失った生徒たちは、茫然自失の中にあって3カ月後にはさらなる追い討ちをかけられ、想像だにしなかった終戦を一九四五（昭和20）年8月15日に迎えています。

わが国の行末と自分たちの学業がどうなっていくのか、不安と焦燥の日々だったと思います。

9月、授業をなんとか再開する

9月になり生徒たちは、登校するも授業をする場所がありませんでした。幸いに戦災に遭わなかった江西小の校長先生のご好意により、2階全部を拝借できて授業再開への期待がふくらみます。

そのころ、枇杷島の三菱工場からは職員用のテーブル・椅子をわけていただきました。また六号地の愛知航空からは、お願いして食卓・長腰掛けをいただき、ひとまず惟信中学まで生徒職員の手で運んでいます。

翌日トラックで、なんとか曲がりなりにも江西小に運搬してもらい、授業を再開することができたのです。しかし、教室には机・椅子が足りなくて、床に座って授業をうけたのです。(注51)

バラック教室を急造

この間に県当局並びに保護者のご尽力により、コンクリートの外壁だけが焼け残った附属小学校の校舎を、応急修理して焼けトタンで屋根を覆い（その後瓦葺《ぶ》きへ）バラック教室を急造しています。

翌21年4月からは、県二高女にもどって授業を行うまでになったのです。復興にかける夢は、絶大なものがあります。その淵源こそ、開学以来先生と生徒が心を通わせ、営々と築き上げてきた歴史と伝統であると思います。

現実は厳しく、雨降りには傘をひろげ、雨音の激しさで先生の声も聞こえない中での授業でした。大変な思いをして勉強に励んでいます。のみならず物資不足の折柄、窓ガラスの盗難がしきりで、すべての窓ガラスに白ペンキで大きく県二と記し、ようやく盗難を免れる状態だったといいます。(注52)

進む教育の民主化

敗戦国として連合国の占領下（間接的統治）ですが、新しい国の「かたち」を求めて戦後政府は、民主化五大改革指令（連合国軍最高司令官マッカーサー、10月11日）に先立って、非軍事化と民主化の政策を前面に押し出して立ち上がります。

その第一歩が9月9日の前田多門文部大臣によるラジオ放送です。自ら青少年学徒に向けて、これからの教育の基調として民主教育の原則と平和国家建設のための教育推進を宣言しています。（注53）

その理念・方針のもとに、昭和21年11月新憲法公布、翌22年3月教育基本法成立、4月「新学制」（順次移行）の施行へと至ったのです。

そして国民の長年の念願である教育の機会均等（男女平等・共学）・単線型（戦前は複線型）の「6・3・3・4制」の教育制度が、やっと実現したのです。

こうして待望の新制中学校新設と義務教育九ヵ年への延長を実現し、戦後日本の新たな「かたち」の土台が固まったと言えましょう。

県二高女、復興記念式典を行う

戦後の新しい風が吹く中で、「県二高女」は再生の復興記念式典を行っています。

愛知県知事青柳秀夫氏の祝辞から、新しい時代を拓く原動力となるように、本校への並々ならぬ県民の期待が伝わってきます。

「……過ぐる昭和20年5月不幸戦災にかかり校舎の全部を焼失してより鋭意復興に努力

を傾けて参りまして、ようやく本年８月に入りその全部を完成するに至りましたことは、学校当局者……生徒諸子のよろこびと思い合わせて、衷心より敬意と感謝とを表し、かつご同慶の次第であります。

おもうに、世界平和の基礎は文化の向上にあり、新しい文化の建設は社会人としてのよき人間性の伸長にあることは、疑いを容《い》れない事実であります。而《しか》して……男女の完《まった》き協力と相互の理解によらねばならないのであります。

女子教育の重要性は、……文化の向上進展は女子の深い自覚と、文化創造へのまじめな参画と……よき母としての修養を積んでいただきたいのであります。高い知性と豊かな情操こそは、新しい日本の文化を支える原動力であると信じます。

みなさんはその原動力となって、必ずやその重責を果たして下さることを確信致すのであります。

願わくは、中京女子教育の重鎮を以て自他共に許す本校が、今日のよき日を将来への飛躍のスタートとして、いよいよ知見を広め、教養を高め、醇美《じゅんび》な伝統の上に立って、明るく正しい人間の完成をめざす本校の校風弥々《いよいよ》発揚し、校運の益々進展せられるよう、ご健闘を祈ってやみません。」（注54）

三つの学校からなる学園として再スタート

翌23年4月「県二高女」は、女子教育の名門校として、その歴史と伝統を継承し、新学制により「愛知県立第二女子高等学校」、「併設中学校」、そして一部在学中の「県二高女」（専攻科含む）の三つの学校からなる学園として再スタートしています。

しかし県二高女の再生に当たっては、また予期せぬ困難が待ち受けていたのです。

それは全国の師範学校の官立化に伴い、校地が国有になったことです。県二高女は、「新学制」発足とともに消滅の運命にみまわれたのです。

その運命に敢然と立ち向かわれたのが、県二高女にかかわってこられた地域の方々はじめ、浅井校長先生・保護者・同窓会・教職員・校友会など多くの関係者でした。

その人たちの熱意と粘り強い国への働きかけによって、国有地の一部県有地替えが実現したのです。

こうした尽力があって、名古屋市内のナンバースクールでは、後に唯一の学校統合もない単独校の「愛知県立第二女子高等学校」の誕生があったのです。

愛知県立名古屋西高等学校の誕生

しかし、「愛知県立第二女子高等学校」は、半年後の10月男女共学・学区制の施行となり、生徒たちは在住地ごとに定められた学校へ転校を、余儀なくされました。

そして、校名の変更（校名にナンバーをつけるのがいけなくなる）が求められ、昭和23年10月1日「愛知県立名古屋西高等学校」が誕生し、男女共学の学校として今日に至っています。

今年は、ちょうど名古屋西高等学校（前身の県二高女開校以来）100周年を迎えます。

県二高女は、一九一五（大正4）年開校、そして一九四九（昭和24）年3月第30回卒業式（187名）を最後に、34年間の歴史を刻んで閉校しました。

その直前に卒業した伊東美子さん（旧姓・浅井、昭和17入学、22年卒業）の短歌六首をこの物語の思い出の一ページとして紹介しておきましょう。

彼女たちの戦火の中に生きた青春の想いを、自分の幼少体験と重ねつつ、皆さんと一緒に味わいたいと思います。

戦争にたっぷり漬かりし女学生したたかにしてさびしき青春
スカートがモンペになりしはいつごろか写真・日記帳みんななくなり
流れとはながさるるのだもしかして飼い慣らされた犬だったかも
さよならと心の中で家に告ぐ見わたすかぎりの炎の海に
青春を溶かすほどなる湯の前で鋳型に土込める夏の日があり

夾竹桃いやに赤くて洗脳がとけてゆきにししずかな夕ぐれ（注55）

この物語の主役たちは、当初から時代の波に幾度となく翻弄されながらも、それにのみこまれることなく、精一杯に生きようと頑張り抜いてきたたくましさ、それは感動そのものです。

とりわけ戦時期の戦火を潜り抜けての厳しい学園生活を経、眼前に、敗戦というとてつもない現実に遭遇しながらも、廃墟から立ち上がろうとして、勉学に励む固い決意・気迫には頭が下がります。

加えて心が萎《な》えようとする主役たちを励まし、温かく見守り、労をいとわない先生方の情熱的な指導姿勢と、それに応えようとする清純な主役たちとの、互いに固い絆で結ばれた師弟関係が醸し出す学園的雰囲気こそが、県二高女生を育み、学校としての教育力の源泉になっていたと思います。

物語の舞台に蘇り、励まし続ける「蘇鉄《そてつ》」

今日、県二高女・県立第二女子高の歴史と伝統を受け継ぎ象徴するものが、名西高の正面玄関の前庭に羽ばたく「蘇鉄」ではないでしょうか。

旧職員の足立静先生（名西高、昭和24年赴任）は、蘇る様子を次のように語っています。

「春が来ても芽吹く緑もない殺伐とした校庭窓下に、真っ黒に焼け焦げた１本の蘇鉄があったのです。……真っ黒な幹の心から白い綿毛でおおった新芽……そこに、生きるものの限りない生命力と情熱とを感じ、戦禍にきずついてともすると投げやりになり、頽廃的な心に大きな喝を加えられた思いがしたのです。

蘇鉄は雨期になって生気を増し、学園の復興を象徴するかのように活力がよみがえって来たのです。」（注13）

おそらく県二高女の開校当初から、物語の主役の活躍を見続けて来た蘇鉄だと思います。その蘇鉄が不死鳥のように蘇り、今日仰ぎ眺めることができます。

正面玄関前の蘇鉄（筆者撮影）

先輩たちが懸命に学び、たくましく生き抜いた様に思いを寄せ、さらに蘇った蘇鉄から新たなパワーと励ましを肩に感じながら、今を大事に生きていきたいものです。

思えば物語の主役・県二高女生は、年齢的には今日の中学生・高校1～2年生に相当しますが、いわゆる『生き抜く力』は、今日の中高生の比ではありません。

時代的な教育環境の違いを差し引いても、学校行事・部活動などを含む教育活動・学校生活におけるモチベーション・コンピテンス（有能感）・忍耐力・仲間意識・師弟関係（絆）・誇り意識などは、非常に高く、かつ強靭なものを感じます。

最後の県二生（昭和23年）

付記(1)　筆者の幼少期の戦時体験を語る

筆者は幼少のころは、今の瀬戸市井戸金町（旧幡山村本地町）の西南の端に住んでいました。当時そこからは、名古屋の方が一望できました。東山公園から東は丘陵で、低い雑木がつづき民家も少なかったので、筆者の家からは見晴らしがよかったのです。名古屋は毎日空襲の中にあったという印象です。

そのころの体験の一端を語りましょう。

本地ヶ原練兵場の訓練を間近に

その一つは、名古屋東部丘陵の一角（原っぱ）に設営されていた本地ヶ原練兵場（現長久手市・尾張旭市・名古屋市守山区・瀬戸市にまたがる一帯）の訓練風景です。練兵場に隣接するところに住んでいたのですが、そこは子どもたちの遊び場でもありました。だからそのころの兵隊さんの訓練模様を、常に目の前で見ていたわけです。

それは『かくれんぼ』によく似た訓練でした。時々どこに隠れたかを兵隊さんは自分たちに聞いてきた。およそこれから戦場におもむく兵士の訓練とは思えませんでした。訓練なのにそのための武器・弾薬はないも同然で、これでいいのかなと子ども心に感じていました。かっこうだけは、緑の葉っぱで体を覆っていましたが、どうみたって『かくれんぼ』としか見えなかったことを、今でも鮮明に思い出します。

名古屋は真っ赤な炎の中に、眼前には戦闘機が

二つ目は、名古屋方面が毎晩のように照明弾に照らし出され、街並みがB29の空襲で、真っ赤な炎となって燃え上がっている光景を目の当りにしたことです。

昼間はどす黒い煙が漂う中、名古屋大空襲で名古屋城はじめ県二高女・女子師範が跡形もなく焼失したことは、当時は全く知る由もありません。

三つ目は、名古屋方面（米機の飛来ルートの一つが浜松上陸後、瀬戸経由）に向かう途中のB29は、時々通信妨害用の帯状（テープ）の銀紙とか、降伏を促すビラを投下してきましたが、そのビラを拾おうと本能的に走りだした瞬間に、飛行機が突然わが家の近くに墜落してきたことです。

眼前でしたので、とても怖い思いをしました。空襲警報（サイレン・半鐘）が鳴っていれば、防空壕に逃げ込んでいて、墜落するところをみなくてすんだのですが……、突然の飛来で間に合わなかったのです。

飛行機は破裂し、米兵の生々しく引き裂かれた無残な姿に遭遇し、震えが止まりませんでした。

村の中心地の民家にも、焼夷弾が時々落とされて民家が炎上しています。不発弾で燃えずにすんだ民家もあります。

後日談ですが自分の小学校の仲間によれば、皆と小川で魚取りをしている時、低空飛行する戦闘機に狙い撃ちされたと言います。急いで川岸の繁みにかくれ、「九死に一生を得る」とはこのことだったとしみじみ語っています。

庭先の畑が、突然滑走路に

四つ目は、本土決戦にむけて眼前のわが家の耕作地などが、終戦直前にもかかわらず新たな滑走路に変貌させられてしまったことです。

格納庫はあっても練習機が全くない飛行場でしたので、どうして新たな滑走路がいるのかと思いました。

その作業（農業の手伝いを名目）にあたる20名ほどの兵隊さんが、食糧がままならずわが家の庭に来てこちらが用意したお米で、飯盒炊爨《はんごうすいさん》をしていたことです。煙をもうもうと立てれば、上空から民家の確認がしやすくなる、子どもなりにB29に狙い撃ちされちゃうと、本気に思っていたので怖さも半端じゃなかったですね。

必死になって火炊きは絶対いやだと、兵隊さんのことを母にくりかえし頼みましたが黙ったまま……、軍馬の餌も用意せねばならず、忙しくてわが子のことなど眼中になかったのでは……。

今日思うと、母の気持ちのどこかに「女たちが非常時にできることはこれくらいだ。お腹がすいては戦はできない。兵隊さんに食事のお世話をすることなど、当然のこと」と考えていたのかもしれません。

それにしても父は出征中、兄は学校、そして足手まといの自分しかいないのですから、母は内心はとても心細かったにちがいない。

その母が、大勢の兵隊さんに囲まれて対応に追われるその必死な姿に、並みたいていのことではないなと子どもながらに直感し、兵隊さんをうとましく思ったものです。

第3章　愛知県女子師範学校物語

1　わが国の師範学校の始まり

お雇い外国人モルレーの言葉

この物語の舞台に、県二高女よりも先に登場した主役が女子師範の皆さんです。先に学制頒布直後の初等教育・女子就学率などを語りましたが、それを高めるにはどうしたらよいかです。

明治6年6月文部省顧問として来日したアメリカの大学教授ダビット・モルレーや先の森有礼《もりありのり》らの主唱によって、子どもを教えるのは女教師がよい、その養成に力を注ぐべきだとしてしだいに発展に向かって歩みだします。モルレーは、文部省のナンバー2、田中不二麿《ふじまろ》（文部大輔《たいふ》・尾張藩藩校明倫堂《めいりんどう》出身）に提言しています。

「夫《そ》れ女子は児童を遇《ぐう》する〔あつかう〕にその情愛忍耐あること男子に優《まさ》れり。且《か》つ能《よ》く児童の情《じょう》を酌《く》み、及び児童を扶育《ふいく》するに至《いた》りては男子よりも能《よ》く之《これ》を熟知せり」と述べ、女子が教職に適していることと国民形成上、母親教育の重要性を説いています。

そして師範学校（教員養成学校）を各地に普及させ、さらに女子師範学校設立の方策についても提言しています。（注56）

官立愛知師範学校の誕生

こうして官立師範学校が、東京（明治5）・大阪・仙台（明治6）に続いて、愛知・広島・長崎・新潟（明治7）にも設置され、明治7年には東京に女子師範学校が開設されます。「学制」には、師範学校に関する規定はありますが、府県立師範学校の規定は無く、当初は教員養成は官立師範学校一本でいく施策であったと思われます。

明治当初の7大学区の各師範学校のモデル校の役割を担ったのが東京師範学校でした。そこに、ただ一人のお雇い教師として米人スコット（一八四三～一九二二年）が着任します。母国の教科書・教材・教授法などを導入し、わが国の近代的な初等教育・教員養成に大きな影響を与えました。具体的には、小学教則の作成、附属小の設置、本科（授業法）・予科（普通学）制の創設（修業年限各1年）などです。彼は当時すでに生徒を学力別に上下二つに分け、教師は上等生を、上等生が下等生を教える指導法をとっています。(注56)

先の官立愛知師範学校（明治7年7月・修業年限2カ年、120名入学）初代校長は、東京師範学校1期生の伊沢修二（就任時23歳・信州高遠藩出身）です。ここで「唱歌嬉戯」教育の提唱・実践をしています。「蝶々」の歌でよく知られ、幼児教育の先駆者とも言われます。

各大学区の官立師範学校は、その後東京師範学校・東京女子師範学校を除いて短期間で廃止となり、しだいに府県立として移管されていきました。

2　愛知県の女子教員養成の取り組み

愛知県に養成学校と「女範学校」誕生

物語の舞台誕生に至るまでには、苦難の時代が待っていました。

愛知県独自の教員養成学校は、明治6年12月設立の名古屋の「愛知県養成学校」に始まります（翌年、岡崎に「養成学校別校」開設）。

修業年限は3ヵ月で、各小学校の現職教員の再教育および教員志望者の養成にあたっています。

さらに明治9年5月「女範学校設立趣意及び女教師募集」を布達し、「女範学校」を設立しています。

同年、先の「愛知県養成学校」は、「愛知県師範学校」と改称（8月）され、翌年「官立愛知師範学校」（2月廃止）跡地（名古屋区本町）へ移っています（修業年限予科1年・本科2年、計3年）。

そして明治11年2月女範学校は、「愛知県女学校」と改め再出発しますが、翌年廃止され、愛知県師範学校「女子教育部」に吸収されています。

これは、女子に中等程度の普通教育を授けると共に、女子教員の養成を意図したものです。しかし明治15年８月「附属女学部」（旧「女子教育部」）は、廃止となってしまいます。こうして愛知県の女子教員養成は、期待に反して「冬の時代」状態になったと言えましょう。

愛知県の師範教育（男子）の内容

さて愛知県の師範教育（男子）は、明治14年文部省「師範学校教則大綱」に準拠して行われています。

内容について略記すれば以下のとおりです。

① 師範教育の目的　「小学校教員たるに必須の学科を授くる所」
小学校は、初等科（３年）・中等科（３年）・高等科（２年）の三段階
師範学科も初等（修業年限１ヵ年）・中等（２ヵ年半）・高等（４ヵ年）

② 入学資格　「品行端正、体質強健、年齢17年以上」で小学中等科卒業以上の学力を有する者、但《ただ》し年齢は各県の状況により15年以上でも良い。

③ 授業時数　１年36週・１週28時間を基準

④ 師範学校に入学しない人（検定資格）　学力と品行との検定に合格すれば、免許状の取得可

⑤　教員資格　7年間過ぎると改めて学力と品行との検定

7年以上教職にあって、学力優等・授業熟練・品行端正の証拠のある者は、終身有効の卒業証書授与

⑥　品行等不正があれば没収（注56）

師範学校令と女子の役割

一八八六（明治19）年4月には、初の「師範学校令」が出ています。

この意図について文部大臣・森有礼は、「学校教育の成果は教師の人物如何《いかん》にかかっている」として、師範教育を重視しています。

師範教育の指導精神として「順良・信愛・威重《いちょう》（威厳があって重々しいこと）」の三気質を挙げています（第一条より）。

そして気質養成（強靱な精神・身体）の効果的手段として『兵式体操』（集団行動訓練・体力づくり。兵隊式ではない）を教科課程および寄宿舎生活（全寮制）に導入したのです。

また女子教育は、「人間を造出する所の土台」をしっかりしたものにするために、大きな役割を果たすとし、その進歩普及を説くと共に、さらに、良妻賢母の教育を受けた女子教員を増やす大切さを語っています。（注57）

このように人間教育の根本にかかわる女子の役割を重視した点で、以降の女子教育・師

範教育と女性の社会的地位の向上に大きな影響を与えたといえます。

制度的には、師範学校は高等・尋常《じんじょう》の二種類とし、尋常師範学校は各府県１ヵ所としています（明治19年愛知県師範学校は、愛知県尋常師範学校と改称）。

なお明治20年11月には、その後の第一師範の新校舎（名古屋区南武平町）が完成し、開校式が行われています。それを祝して翌日、森文相自らが来校し講演をしています。

愛知県では男子の師範教育の進展に比べると、女子の場合は「附属女学部」廃止（明治15）以来、「冬の時代」状態が続いてきました。

しかし、文部省の施策の転換に伴い、新たな段階を迎えることになります。

岡崎の「第二師範学校」の増設と「女子部」の新設

明治30年10月新たに「師範教育令」の公布および「文部省訓令」によって、従来の師範学校1県1校の方針が大転換されました。

「一箇《か》年以上の尋常師範学校を設置する場合に於《お》いて女生徒の員数一学級を構成するに足るべしと認むるときは男女に依りて学校を別にする事」

文部省による強い要請があって、愛知県でも師範学校の増設及び女子師範学校の独立設置の気運が高まります。

愛知県の第二師範学校は、明治32年、全県的な観点から三河中部の岡崎市に設置されています。続いて翌年の一九〇〇（明治33）年4月、第二師範学校に「女子部」を新設（修業年限3年）しています。

こうして物語の舞台づくりの「かたち」が決まり、ここに愛知県の女子教師養成機関の本格的な設立がはじまりました。(注58)

なお「女子部」開設当時、公立の女子中等教育機関は名古屋市立高等女学校が1校のみでしたので、「女子部」は最高教育機関のような風がありました。

そうした状況のなかで「女子部」には、全県下より粒選りの20名が入学しています。世間の噂も高く生徒の鼻も高く、従って自重自尊の人柄も自然と養われたかのようであります。

今日その「女子部」発祥地の記念碑が、附属岡崎小学校校庭にあります。

「女子部」の初の入学者の話と学校生活

修業年限4年（明治41年）になっての初の入学者（西山い満）の談によれば、「入学資格」

愛知県第二師範学校女子部教室
（『愛知教育大学名古屋分校回顧録』）

が15歳ですが、尋常小4年・高等小4年の8年を終えても、資格が1年たりないため准教員の講習を受けていたといいます。

選抜方法は、1学期間は仮入学で、7月の期末成績の結果で37名が入学（卒業時22名へ）を許可されたのです。(注59)

学校行事では、運動会が男子部・女子部・附属小と合同で、男女間の交際の厳格な世の中でしたが、共同行事として盛大に行われています。

当時の学校生活は、どうだったでしょうか。

寄宿舎の日課は、全部ラッパでメロディーは軍隊と同じだったようです。外出は、届け出て必ず2人以上、時間は厳守です。夜、女が出歩くのはもってのほか、男とは話をしてはいけない、歩くときは横を向くな、下を向いて行け、男に白い歯はタブーと、今日では想像もできない世の中の習わしだったのです。

他に持ち物検査も常時行われて、行李《こうり》の中も調べられたといいます。間食はもちろんダメ、しかし食堂ならよかったようです。

愛知県第二師範学校女子部発祥地記念碑
（『愛知教育大学名古屋分校回顧録』）

こうした厳しい生活を、彼女たちは、今の時代と比較するものではなく、この体験を経て今があるのだと言います。(注59)

西山い満は、明治41年4月入学、明治45年3月の卒業ですが、その「女子部」を母体に明治45年4月、名古屋地区に愛知県女子師範学校が誕生し、大変嬉しいことですが卒業する年が移転でとても残念だったと言います。

その「女子部」の1年後輩に、市川房枝さんが在籍していたのです。

「女子部」の独立と新校舎建設へ

「女子部」独立の構想は早くからありました。

明治35年の通常県会では、「女子部」を母体に第二師範学校を女子師範学校替え

当時の学生達(『愛知教育大学名古屋分校回顧録』)

する案が提案されますが頓挫しています。

明治30年代は、全国的には経済発展期・産業革命の顕著な時期であり、男子の教員志望の減少もあって著しい教員不足が起こっていたのです。こうして女子師範学校の設立計画が再燃し、明治41年、通常県会に再度提案されています。

その結果、明治42年度から３ヵ年の継続事業として、先の名古屋市西区（当時は、春日井郡金城村大字北押切）に校舎を新築（予算額は、15万4600円余）、移転することが決まったのです。

そして一九一二（明治45）年４月に開学する旨、告示（明治43年7月文部省）されています。（注60）

しかしこの時は、前途に待ち受ける困難を、誰一人として想像できませんでした。

3　愛知県女子師範学校の開校とあゆみ

(1)　愛知県女子師範学校の開校当初の様子

稲田の中に浮かび出た龍宮城

この物語の舞台誕生の瞬間がやってきました。

一九一二（明治45）年2月、郷野基厚先生（千葉県女子師範学校長）が、初代校長に任命され、待望の愛知県女子師範学校が開設されたのです。

早速の生徒募集の内容は、以下のとおりです。

①　本科第一部（公費生・4年）約40名、
　　公費生　女子　1カ月4円支給　（注　男子の場合、1カ月金4円50銭）

②　本科第二部（私費生・1年）約40名、（注　大正9より給費生へ）

③　第二種講習科（公費生・2年）約40名

舞台は、岡崎から名古屋に移り、開幕のセレモニーが続きます。

一九一二（明治45）年4月1日　愛知県女子師範学校開校。

4月10日　第二師範学校「女子部」生徒（2～4年生・79名）を、女子師範に移す。

11日　授業を開始

25日　新入生81名　本科一部　志願者36名・入学者23名

本科二部　志願者41名・入学者36名

二種講習科　入学者22名

（内補欠追加8名）

全学年（160名）が揃って希望の船出。

5月25日　待望の本館・寄宿舎落成

6月8日　開校式を行う。（注61）

当初の学校の光景を当時の牧ヶ野育信先生は、次のように語っています。

この物語の舞台が、なによりも格調高く、

愛知県女子師範学校校舎

美しく、この世のものとは思えなかったと言うのです。

「金城《きんじょう》の里、若緑の稲田の中に浮かび出た龍宮城。檜の香り真新しき輪奐《りんかん》〔建物の大きく美しく立派なこと〕の美、眼も眩《まばゆ》い白亜の壁。玄関前の垂柳柏《すいりゅうはく》〔しだれ柳とかしわの木〕の築山《つきやま》。門のすぐ中、寄宿舎の岐路に枝振りのよい松もあった。

左に出っ張った音楽室から妙なる乙女の歌声が……右の出っ張った作法室の廊下には、楚々《そそ》たる帯付き御嬢様がちらほら……。アラビアの物語にありそうなあの学び舎《や》。」（注62）

市川房枝を中心に生徒達が反抗

開学と同時に先に語った「女子部」生徒たちを迎えていますが、その4年生の中に市川房枝さんがいたのです。

新天地では、物語の主役たちは、すべてが新しくなり学園の雰囲気に馴染めなかったようです。

後日談になりますが、級長であった市川房枝さんらが取った行動は、どんなだったでしょうか。クラス会（昭和41年4月17日・名古屋市熱田区の賀城園）の折の取材記録から、その行動の一端を紹介しましょう。

「岡崎からついてきた先生は殆《ほと》んどなく、新しい先生ばかりで私たち乙女心は、岡崎に心引かれていた。それに創立当時の事とて質実剛健の強行教育は、すこぶるきびしく、当時は全寮全日教育、郷野校長は女の子が寝様を乱してはならぬと、箱枕（木枕）を持ってこいとの命令。

教頭はまた、やかましい訓示ばかり、大体生徒を女とあなどって私たちをまるで子供扱いである。掃除ときたらそれは難しく、ガラス（窓ガラスは、上下二段の移動式）の桟《さん》を指でなでての細かい検査。これでは昔の女とても、たまったものではない。かてて加えて二部生はハイカラが多く皆の先生から可愛がられて、ごつい一部の私たちはまま子扱いとひがんで、これがどうにも癪《しゃく》に障《さわ》って、一同穏やかではなかった。」（注63）

そこで寄宿舎の消灯後、図書室で28人が集まり協議したのです。こうして一人一項目ずつ、28箇条の要求文を書き、級長の市川さんと鈴木さんの2人が代表となり、校長先生へ直接お願いしたというわけです。他の生徒たちは、廊下で待っていました。しかし要求は、聞き入れられなかったという。こうして生徒たちの反抗(三年生も同調)が始まったのです。

先生へは一切物を言わない、教室で先生から何を言われても口をきかない、答案は全部白紙で出すなど、これが彼女たちの精一杯のストだったのです。

どれ位続いたのか、結局は生徒の泣き寝入りで終いになったようです。（注63）

話はかわりますが、婦人運動（一九一九年わが国初の婦人団体・新婦人協会を、平塚らいてう《らいちょう》らと設立）に乗り出したその動機は、女子師範時代の体験からではなく、実はそれよりずっと以前、郷里朝日村（現一宮市）小学校一、二年生のころから芽生えていたということです。

「それは父が、亭主関白で威張って我儘《わがまま》だった。母はかわいそうに、カンショウの父から叱り飛ばされ、時にはゲンコまで飛んだ。女は因果なものよと母は諦めて、子ども可愛さによく辛抱をした。その女の悲しさは私の家ばかりではなく、そういう時代でもあった。その折、アメリカへ行っていた兄から、私宛のカタカナの手紙に『アメリカでは女の大学の先生もあるよ』と書いてあった。

この一言が私の心を捉《とら》えて離さず、私の生涯の運命を決定してしまった」と述懐されています。（注63）

学校の状況――卒業生の手記から

当時の学校の状況については、本科第一部一回生（明治45入学）大島せきの手記「学生時代を想いて」から、垣間見ることができます。

「懐古すれば、明治の末期、即ち45年4月、女子師範創立と同時に、私共は入学いたしました。……3日間に亘《わた》って試験を受けました。たしか2日目だったと思います。

一部生一同を事務室に集めて、初代の校長郷野先生は『入学すれば三食共麦飯を食べなければならぬが、よろしいか。卒業後はどんな山間僻地へでも辞令のままに赴任せねばばならぬ。この二つとも承知の方だけ口答試問を受けなさい』と厳命されました。

こうして入学致しましたのは、一部生23名、二部生36名、二種講習生若干名でありまして、上級生としては、第二師範から女子部の方々が来られましたが、今日此頃《このごろ》の方々には、想像もおつきにならない位、ガッチリとした方々ばかりで、なんとなく近づきにくい感がありました。

然《しか》し知らぬ間に優しいお姉様方として起居を共にする事が出来る様になり、いつか私たちも上級生として、後から入って来た人達の世話も出来る様になりました。

こうした4年間の寄宿舎生活、過ぎてみればとても懐かしいもので、特に夕食後の運動場への散歩は、何事にも感じ易いその時代の私共にとりましては、唯一の慰安でありまして、四季折々の自然の眺めの中にあって気のあった友達同志が、心から面白く語りあう事は、一日中の労苦を忘れるばかりでなく、夜の大切な黙学時間を、より効果的に送らせてくれたと思います。」(注64)

女子師範一部生募集見合わせと県立第二高等女学校の併設

開学まもなく先に語ったように、予期しない「女子師範一部生募集見合わせ」の事態に直面しています。愛知県が何故に募集を見合わせたのでしょうか。

女子師範卒業生の需要が比較的少ない、入学希望者が多くない、学級数に対し正教員の

補充は可能といった判断があったのでしょう。（雑誌『愛知教育』第328号）

もちろんその背景には、当時の風潮として、女子の教員としての価値・特徴・美点を、十分認めていなかったからではないでしょうか。

先生の初任給も、この当時男子18円に対して女子14円と差を設けていたのです。

また現実に高等小学校を卒業（14〜15歳）、あるいは高等女学校を卒業（16〜17歳）して師範学校に入ると、年を重ねて結婚の上で影響しかねない。直接的には学資の給与（公費）が、少なくなったためのようです。それから愛知県は、名古屋という大都市をかかえて比較的産業の盛んなところであり、女子の職業の種類も多く需要があったからです。

文部省は、女子師範への志願者が少ないからと募集停止した愛知県の方針が、他県に及ぶことを大変心配しています。また県当局は、広大な校地を無駄にできないとして、同校地内に高等女学校を新設することとし、文部省も同校復活を期待して第二代校長に山松鶴吉先生を任命しています。

こうして「女子師範一部生募集見合わせ」の一方で愛知女子師範学校に、先に語ったように県立第二高等女学校が併設されたのです。（カバー写真参照）

ここに物語の主役たちがそろい、舞台の活動は新たな段階を迎えたと言えましょう。

女子師範の活躍に期待する姿が、県知事の「師範学校卒業者免許状授与並《ならびに》辞令公布式」

訓示（大正6年3月）から、推察することができます。

「愛知県の教育状態は官民一致の力により、近時漸《ようや》く良好なる成績をあげつつあるのは同慶《どうけい》の至りである。

今一二の事例を挙げれば、県民間に教育思想が勃興し、従来往々師範学校卒業者に対する需要供給は、其《その》当を得ざるの弊《へい》ありしに今や大《おおい》に之《これ》が需要を加るに至りたるが如《ごと》き、又就学出席歩合の向上したるが如《ごと》き、畢竟《ひっきょう》するに県においても之《これ》が奨励を企てたること其《その》の原因の一なりと雖《いえど》も、主として各師範学校長を始め市郡の当局は勿論《もちろん》、一般県民が漸次《ぜんじ》此《この》の点に留意するに至りたる結果に外ならぬのである。

又教員が永続的に勤務するの風《ふう》を起こすのは最も必要なる事柄にして県も夙《つと》に此の点に就《つい》ては奨励しつつある次第《しだい》（以下略）」（注65）

(2)　女子師範の充実と発展

念願の附属小学校の開設

大正7年の在籍状況は、次のとおりです。

本科一部生　120名（4年度募集停止）　二部生　39名　第二種講習科　21名

合計180名　内名古屋市出身30名（本科生の場合）

内大正7年度新入生・本科一部　志願者数115名　合格者42名
本科二部　志願者数67名　合格者39名

県内全域から志の高い生徒たちが、希望を胸に集まって来ていますね。（注61）

大正8年には、化学実験室・物理講義室の2棟新築落成があり、年末には家事実習室が誕生し、施設面でも進展がみられました。そして大正13年、念願の女子師範学校附属小学校が落成し、翌年附属幼稚園も開設されています。

開校以来の代用附属校（女子師範直近の名古屋市立榎小学校）を市に返還し、新たな女子師範学校の教育環境のもとに、世の中の新たな風もうけて大きな成果をあげていきます。

環境の整った大正末の女子師範の状況を、みてみましょう。

・本科第一部（修業年限5年）・定員5学級200名
・本科第二部（修業年限2年・当分の内1年可）・1学年40名
・専攻科設置（修業年限1年）・三師範学校各定員20～25名（注66）

なお、昭和6年ころの女子師範生は、230余名です。ちなみに第一師範は450余名、第二師範（岡崎）は430余名です。したがって、県全体では女子師範生が20％を占めています。

女子師範と県二高女の校歌の制定

昭和8年には校歌が制定されています。（注67）

愛知県女子師範学校・愛知県第二高等女学校校歌

鳥野　幸次　作詞
信時　　潔　作曲

愛知県女子師範学校
愛知県第二高等女学校 校歌

鳥野　幸次　作詞
信時　　潔　作曲

一　上《のぼ》る朝日《あさひ》の輝《かが》きに　希望《のぞみ》も清《きよ》く新《あたら》しく
黄金《こがね》の鯱《しゃち》を仰《あお》ぎつつ　集《つど》ふ学《まな》びの園《その》の内《うち》

二　見《み》よ老松《おいまつ》の深緑《ふかみどり》　操《みさお》は変《か》へず千秋《せんしゅう》に
また倣《なら》はなむ栴檀《せんだん》の　薫《かおり》は高《たか》し双葉《ふたば》より

三　勅旨《おおみこと》をば畏《かしこ》みて　熱田《あつた》の神《かみ》の御幸《みちわい》に
木曾《きそ》の川水《かわみず》それの如《ごと》　断《た》えぬ努力《つとめ》を積《つ》み行《ゆ》かむ

四　愛知《あいち》の県《あがた》二州《ふたくに》の　古今《いにしえいま》をかへりみて
匂《にお》ふ国史《こくし》の花《はな》の香《か》に　咲《さ》き競《きそ》はなむ諸共《もろとも》に

女子師範受験生の決意と充実した学園生活

そのころ教師を目指して、本学二部を受験した他地区の高女生（昭和10年入学）の決意を紹介しましょう。

「当時二部生の入学資格は高女卒業（5年・17歳以上）でしたが、県内公立高女出身者は4年修了で受験が許されたので挑戦しました。

幸い入学試験は、4年次に学んだものが多く出題（英語の出題はなく国語・数学・地歴・理科・音楽等と面接）されたので、合格出来たのです。

そして、郡部から入学した者が県二高女修了者に交じって勉強することは大変でした。それだけ切磋琢磨する機会に恵まれたのは喜ばしいことだと思います」と語っています。（注68）

一九三〇年代（昭和5年～）になりますと、世の中は風雲急を告げる世相となり、例えば修学旅行など全国的には縮小の方向でした。しかし生徒たちは、校長先生に強くお願いして従来どおり豪華な関東地方7日間（第一部生）、または中国・九州への6日間（第二部生・専攻科）の修学旅行を実施しています。

昭和11年、二・二六事件が起こった当日のことです。

名古屋にも大雪が降り生徒たちは、その銀世界に魅せられてスキーに出かけています。

名古屋城南西寄りの坂道で、仲間たちとスキーを楽しんでいます。

瀬谷校長は、全職員・生徒を集めて、この二・二六事件の事態を、涙ながらに痛烈に批判されています。（注69）

大正末から昭和初期にかけては、スキーに象徴されるように、物語の主役たちにとっては、まだ落ち着きと自由闊達な雰囲気の余韻の漂う中で、学園生活を送っていたことが推察できます。

しかし師範教育を学ぶ若き主役たちにあっても、世相は意識せざるを得なかったことでしょう。

だがそれにもまして仲間意識や純真素朴な一途さ、互いの切磋琢磨など日常の学園生活に関心が強く、激しく揺れ動いていた時代状況をどれほど認識して臨んでいたかは、定かではありません。

(3)　戦時期の様相

国家総動員体制の強化

大正期の民主的な風潮をリードした民本主義（民衆本位の政治運用）が、大きな転換期を迎えたのは関東大震災（大正12〔一九二三〕年）でした。

経済的打撃・社会的混乱が高まる中で、「国民精神作興《さっこう》〔奮い立たせる〕に関する詔書《しょうしょ》〔天皇の命令が書かれた公文書〕」が発布され、「公徳を守り秩序を保ち、忠孝義勇の美」を掲げて、国家の隆盛・繁栄に尽くすことを求めています。

震災2年後（大正14〔一九二五〕年）誰もが知っている「治安維持法」（国体の変革などを掲げる思想を弾圧）が、「普通選挙法」（衆議院議員の選挙権を25歳以上の、被選挙権を30歳以上の男子に与える法律）と前後して制定されています。この年には、もう一つ「軍事教練」が学校に登場します。

こうしてわが国は、明治半ば以降激しく揺れ動く国際情勢に曝されながらも、懸命に築き上げてきた近代立憲君主国家（立憲主義・政党政治・協調外交）の流れが大きく様変わりしていきます。

それを加速させたのが世界恐慌（一九二九年）であり、昭和6（一九三一）年の満州事変勃発です。戦争の長期化につれて、先に語ったように「勤労動員」など学校現場にも変化がおこっています。

やがて、全国民には、「国家総動員法」が公布（一九三八年）されます。それは政府が議会の承認なしに、勅令《ちょくれい》により戦争遂行の全権限を持つということです。

ヨーロッパでは、一九三九（昭和14）年、第二次世界大戦が勃発します。

国内では、政党も解党し大政翼賛会《たいせいよくさんかい》一本になりました。こうして総動員体制が天井知らずに強化されていくことになります。

教員不足のために「尋常小学校本科正教員臨時養成所」などを付設

戦時下になって校地内に「愛知県学校看護婦養成所」を付設（昭和12年）、さらに2年後「愛知県尋常小学校本科正教員臨時養成所」（昭和16年・国民学校令・国民学校制度施行後、国民学校教員臨時養成所と改称）も付設しています。(注70)

この背景には、わが国の海外進出に伴い朝鮮・満州・台湾などに奉職する教員も増加し、児童数の増加とあいまって教員の不足が目立ってきたからです。男子の徴兵・出征による教員志願者の減少なども大きな要因です。

なお当時愛知県では、代用教員が1000人を超えています。これは教員全体の10％に相当しますが、その中で女子の占める割合は60％に達しています。

全学あげての皇紀二千六百年記念式典

先に少し語りましたが、太平洋戦争の前年一九四〇（昭和15）年は、初代神武天皇即位から二千六百年に相当する年として記念祭が全国的に展開されます。

本学も周年行事と重ねて記念式典を全学あげて行っています。

周年行事の一環として、『創立記念誌』及び『錬成餘韻《れんせいよいん》』を発行・出版しています。

『創立記念誌』は、今日開学以来の学園の模様を知る貴重な資料となっています。『錬成餘韻』は、開学以来の研究論文などを選りすぐって編集（五部構成。教育倫理・国語歴史・図画裁縫・郷土研究・随筆趣味）されたもので、学園の学究的雰囲気が伝わってきます。（注71）

記念式典は、昭和15年10月17日、文部省をはじめ全国から多くの関係者を招いて盛大に行われています。

「皇紀二千六百年神嘗祭《かんなめさい》、空に一片の雲もない爽涼のこの日、愛知県女子師範学校創立四十周年・愛知県第二高等女学校創立二十五周年の式典が挙行される。

青と白の幔幕《まんまく》をはり廻らした式場に、定刻前既《すで》に入場した生徒児童の面持ちには

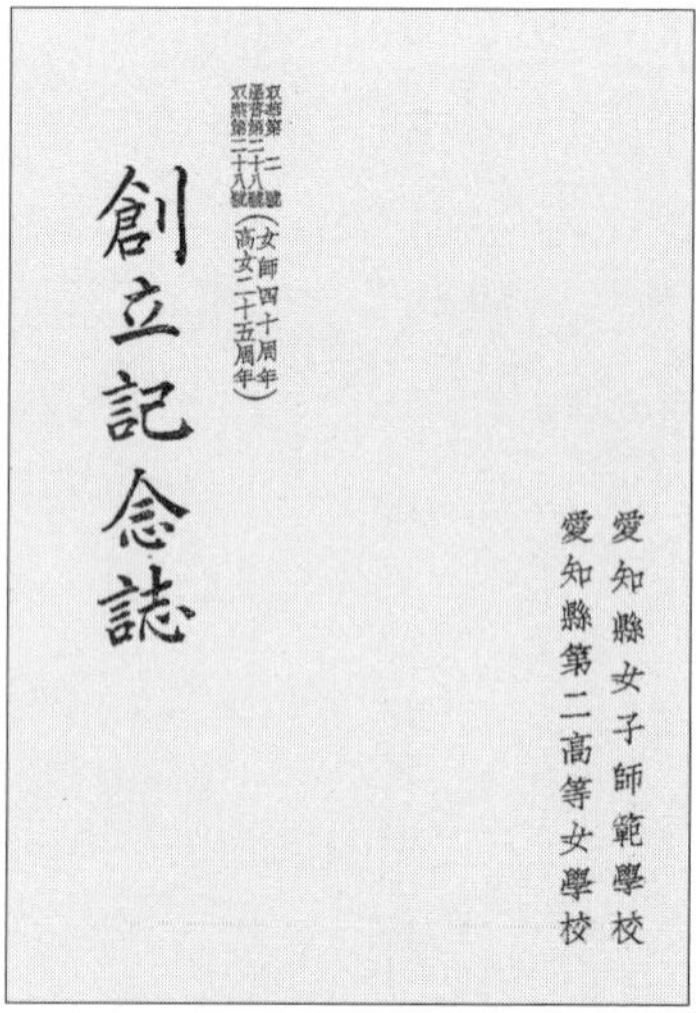

『創立記念誌』（昭和 15 年）

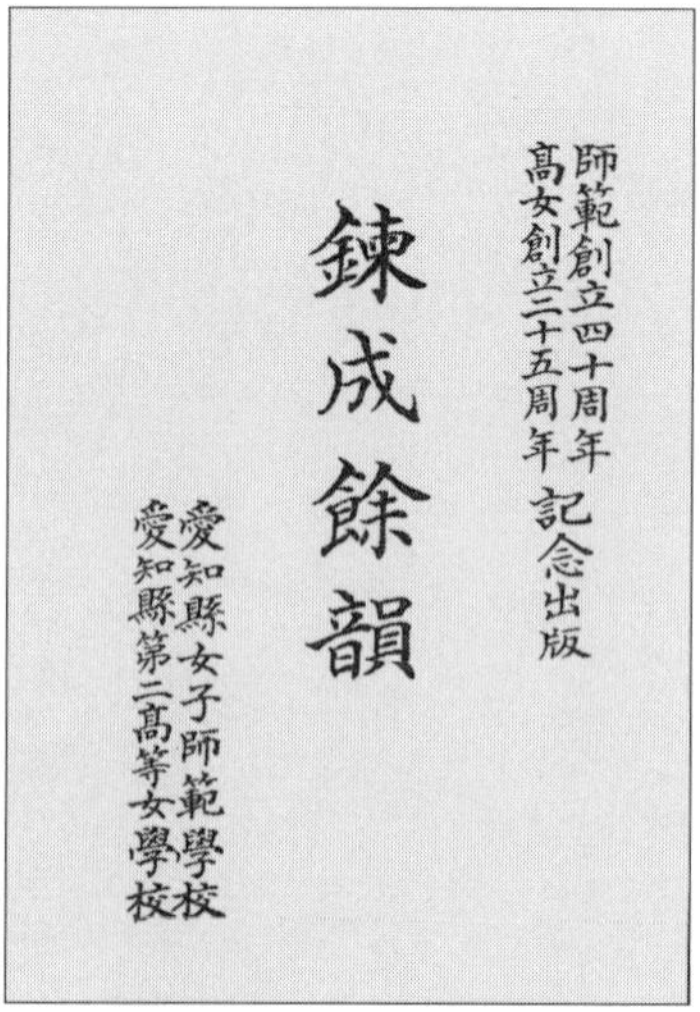

『錬成餘韻』(昭和 15 年)

晴れ晴れしさの中に厳粛なものが感ぜられる……。

開式の宣せられたのは、午前9時15分であった。深く澄んだ大空には何処《どこ》から飛んで来たのか鳶が一羽悠々と美しい弧を画いている。朝風に幔幕がはたはたと鳴る。盛儀の絵巻は厳粛に広げられてゆく。」（注72）

記念式典に参列した在校生の思い

では、記念式典の内容は、どんなだったでしょうか。

皇居遥拝《ようはい》・黙礼、国歌斉唱、勅語奉読《ちょくごほうどく》にはじまって、学校長式辞、愛知県知事児玉九一閣下告示（代読）、そして文部大臣橋田邦彦閣下祝辞（代読）などが続きます。

さらに本学の卒業生祝辞・生徒児童総代祝辞（女子師範・県二高女、附属小）のあと、

皇紀 2600 年記念式典

校歌斉唱で式典を終えています。

式典に臨んだ、在校生（一部3年生・武田すみえ）の「創立40周年を迎えて」の一文をみてみましょう。

「興亜聖戦は3年を超え、国内では政治を始めすべての事に新体制が叫ばれ此の頃私達の覚悟も新たなものがありますが、神嘗《かんなめ》の佳節を卜《ぼく》して行なわれた盛大な記念式の時、多数の来賓の方々の御祝辞を拝聴して、私達の使命の重いことをしみじみと感じたのであります。

非常の難局に生き抜いて行く事の出来る人々を、これからの新しい日本を打ち立てていく立派な日本人を作る為に、教育する為に私達の使命は課せられたのだ。（中略）先輩たちによって傷つけられる事なく保たれた立派な伝統、よき校風を一層よく伸ばして行く其のバトンは、私達の手に渡されてあるのだ。女子師範学校の生徒であると言う事を何時も心に持って、少なくも人に後ろ指を指されるような事だけはすまい。

国民の総親和をめざして、高女も女師も養成所も附属も皆一つになって新体制に即して行きたいと覚悟したのであります。

諸先生と卒業生方と私達、これ等の多くの人々の心により、日々に新たに伸びよ我が校」と決意を高らかに述べています。（注72）

(4) 師範学校の統廃合（女師・第一師範統合）と官立化

一九四二（昭和17）年、教育審議会の答申を受け「師範学校制度改善要綱」が、閣議決定され、師範学校改革の準備が進められています。

そこで翌年「改正師範教育令」が公布され、師範学校改革の一環として、官立化が進められると共に、統廃合が行われました。

同時に予科２年（国民学校高等科卒業者）、本科３年（入学資格は中等学校卒業者）となり、官立専門学校に位置づけられたのです（それまで師範学校は、学校体系からは中等学校段階）。

こうして当時全国103あったのが56校になり、女子師範学校は、師範学校（男子）に統合され、無くなっていきます。

愛知県の場合は、第一師範学校と女子師範学校が統合され、昭和18年４月、愛知第一師範学校（男子部・女子部）と、同時に岡崎師範学校は改称されて愛知第二師範学校（男子部・翌年女子部）となり、二師範体制に変わります。

この一連の師範教育（教員養成）の改革は、国家の存亡に関わる大改革ですが、物語の主役たちにとって、これは開学以来のあらゆる学業指導・諸活動の全学的取り組みの歴史と伝統が、大きく様変わりすることでした。

象徴的な動きとしては、先生たちが県立教師（県二高女）と官立教師（師範学校）とに分離され、二つの職員室となったことです。

それまで営々と先生と生徒が一体となって、培い醸《かも》し出して来た家庭的・情熱的・学究的な集団的雰囲気や師弟関係が、戦況の厳しさと相まって落ち着きを失っていきます。

戦争末期の学園生活

翌19年4月中旬からは、女子師範の学生は神戸製鋼名古屋工場等へ勤労動員となり、6月以降は連日出動となっていきます。食糧事情も一層悪くなり、寄宿生も工場へはしばらく自宅から通うことになります。

8月には、女子部附属国民学校児童は、あわただしく蒲郡安楽寺へ学童疎開しています。

それでは戦時末期の学園生活は、どうであったかを語ってもらいましょう（座談記録等から）。

昭和19年は、月月火水木金金のごとく、2年分を1ヵ年に短縮して集中的に、しっかり授業を行っています。例えば月の内日曜日2日を含め1日7時間授業で、内1時間は体育でした。

体育の時間は、実際は、学園農場（昭和13年夏ごろから集団勤労作業・庄内川砂運搬・

整地）を活用して食糧増産のために野菜などをつくったといいます。

時には女子部の寮で、夜6時から8時まで階段教室で授業が実施されたこともあります。

またある学生たちは学徒動員として、名古屋市中川区の八田三菱工場で、溶接・エンジンの給油管作り・工作技術課事務などをしています。（注73）

つづけて学園生活の日々の様を、リアルに語ってくれています。

工場でのご飯は、焼夷弾で焼けた米を食べさせられ、脂くさくて、不味くて食べられない。靴の底みたいな鯨の肉、女子学生だからといって待遇はよくない。むしろ邪魔者扱いであった。先生方も動員中は、午前・午後1回巡回があり、男子が減って韓国の人達も来ていました。

12月になると三菱工場の大空襲があり、以降名古屋市への本格的空襲となっていきます。そのたびに運動場やプールの側にあった防空壕（工場の作業の合間に、自分たちで掘る）で何時間も辛抱を強いられました。（注72）

4　教育内容とその特色

愛知県では、開校当時の教育課程は、明治43年文部省訓令「師範学校教授要目」に基づいて、以下のとおり女子師範教育が実施されています。

(1)　本科第一部（修業年限4～5年）・第二部（修業年限1～2年）

男子と女子の履修科目の違い　＊数字は履修時間

男子生徒の学科課程と比較した場合の大きな特色（本科第一部）は、以下のとおりです。

①　英語　男子11　女子選択履修（各学年3、4年のみ2、計11）
②　農業・商業　男子のみ6　家事・裁縫　女子のみ19
③　法制及経済　男子のみ2　＊その後、公民科に変わる（男女共通履修へ）
④　体操　男子22　女子11
⑤　週時間　男子共通履修（34）　女子共通履修（31）ただし、英語選択（34）（注74）

女子師範で学ぶ学科の内容

・修身（6）（2）教育に関する勅語《ちょくご》及び戊申《ぼしん》詔書《しょうしょ》〔日露戦争後の国民の浮ついた

気持ちを引き締めることを目的に、明治41年に出された詔書〕・師範学校生徒心得・教師の心得・我が国民道徳の特質・現行法制上の大要・修身教授法・作法

・教育（9）（7）心理・論理・教育の理論・教授法及び保育法・近世教育史・教育制度・学校管理法・学校衛生

・教育実習（9）（6）

・国語及び漢文（15）（3）講読・作文・文法・国語教授法

・歴史（6）（2）日本歴史・外国歴史・歴史教授法

・地理（5）（2）日本地理・外国地理・自然地理・人文地理・地理教授法

・数学（10）（3）算術・代数及び幾何・算術教授法

・博物（5）（1）博物的教材・実験・検索・鑑識・採集／標本の調整及び保存法・説明図及び模型の製作・理科教授法

・物理及び化学（8）（2）物理及び化学の智識補修及び実験・理科教授法

・図画（6）（1）写生画・考案画・黒板上の練習・図画教授法

・手工（5）（2）竹細工・粘土石膏・細工・編物・造花・各種細工・手工教授法

・音楽（7）（2）楽典大要・唱歌・楽器使用法・唱歌教授法

・体操（11）（3）　遊戯・普通体操・体操教授法
・裁縫（15）（2）　裁方《たちかた》・縫方《ぬいかた》・繕方《つくろいかた》・裁縫教授法
・習字（4）（4）　楷書・行書・草書・平仮名・黒板上の練習・教授法
・家事（4）（4）　家内の整理・家事・衛生・調理・育児・看病・家事経済・家計簿記
＊注　上（　）の数字は第一部、下（　）の数字は第二部の履修時間。
計　第一部（4年間の履修時間136）第二部（1年間の履修時間34）（注74）

(2) 発展期の特色

大正7（一九一八）年7月「臨時教育会議」は、教員養成について「師範教育に関する件」の答申をしています。

主な内容は、以下のとおりです。

① 予備科の増設による2年制高等小学校との接続
② 男女教員間の適正な比率の設定
③ 師範学校生徒に対する給費の増額など（注75）

それでは大正末期の愛知県の師範教育は、どうなっていたでしょうか。

・本科第一部（修業年限5年）は、高等小学校（2年）に接続する形態となる。
・第二部は修業年限2年に拡充（昭和6年）し、中等諸学校に接続する学校として位置付けている。
・専攻科設置も含めこうした改革は、時代の進展に対応するため教員の一層の資質向上を意図したもの。
・本科第二部女生徒学科課程については、新たに「家事」（4）・「法制及び経済」（2）必修（なお昭和7年、「法制及び経済」は廃止。かわって「公民」が必修へ）
・「英語」（4）選択履修。共通履修時間週32と減少。英語を一部選択すれば週34と変わらない。（注76）

(3)　戦時期の特色

一九三一（昭和6）年9月の満州事変勃発から一九四五（昭和20）年8月の太平洋戦争終戦に至る15年間は、わが国の近現代史上もっとも悲惨で過酷な時代として忘れさることはできません。

戦時非常事態となり、国体観念〔わが国は古代以来、天皇中心の国家であるという意識〕を養い皇国民としての人物錬成のための教育が一層強化されました。

昭和18年「改正師範教育令」（第一条）により「師範学校は皇国の道」の指導者養成を目的とすることを明確化しています。

女師学科課程については、同時公布の「師範学校規程」（第二条）の中で「国民科、教育科、理数科、家政科、体錬科、芸能科及び外国語科」とし、学科内容も絞り込んでいます。（注77）

昭和18年中等学校以上の学生生徒に対し、1学年を通じ30日以内は授業を勤労作業に振り替え、食糧増産に従事させています。

さらに同年6月「学徒戦時動員体制確立要綱」により、国防訓練・勤労動員が一層強化され、加えて理工科系の大学・専門学校および師範学校を除いて、9月には一般男子学生の徴兵猶予を停止しています。（注78）

5　学生の教員資質の啓発活動

(1)　大正期の新しい風

女子師範復興の立役者、山松鶴吉校長

第２代山松鶴吉校長（在職大正４年４月27日～６年７月18日）は、「在職当時の思い出」（『創立記念誌』）の中で、およそ次のように語っています。

その一文からは、当時の啓発活動の一端を垣間見る思いがします。校長の指導理念が、教育活動として確実に具体化され成果をあげ、志願者が急増したというのです。まさに女師復興の立役者といえましょう。

「此《こ》の沈衰《ちんすい》の状態にある校風を振興するには、先ず以《もつ》て比較的元気のある３年生を鼓舞して之《これ》を中心に学校全般の空気を振興するのがよいと思い、体育運動の奨励もやる必要があったので、着任当時から富沢町の大松旅館に止宿して通勤していた自分が、学校の作法室に引き移り朝から晩まで広い運動場を散歩したり、生徒と共に運動したりすることにしたのである」と。

さらに「振興の方策」として次の諸点を指摘しています。

- 毎日放課後約1時間の運動場の駈歩《くほ》〔駆け足〕
- 園芸の割当て実施
- 毎月1回の往復六里以上の遠足
- 全校生徒の大野〔知多半島〕に於《お》ける海水浴
- 全校生徒の養老旅行（集団行動の実践的体験）
- 全校生徒の大正天皇の即位の礼が行われた紫宸殿《ししんでん》（京都御所）等の拝観を中心とした京都・奈良方面の見学旅行など（注79）

半年余りにかなりの活動を実践させ、将来にむけ貴重な種がまかれています。

さらに校内では毎月1回の講座の開催、お雛祭など金のかからぬ諸般の催しを行い、学校は常に活気に満ちていたというのです。

新しい教育をリードした沢柳政太郎《さわやなぎまさたろう》の教育思想

世の中は、先に語ったように新しい風が吹いています。

余談になりますが、近代教育・師範教育などの充実・発展に尽力された沢柳政太郎（一八六五〜一九二七年）の「教師論」からも、それを眺めることができます。

彼は、文部次官退任後中学校・高等学校の校長、そして京都帝国大学などの総長を務めています。そして大正6（一九一七）年には、私立成城小学校を設立し、成城での校長としての実践活動は、大正期の教育界に多大な影響をあたえていきます。

「教師論」の内容は、要約すれば次のとおりです。（注80）

①　教師は、よく教育の目的を解し教育の方法を知りそれを実行する技術熟練を有さなければならぬ。
②　教師は、生徒を感化するだけの人格を具えて居なければならない。
③　教師は、人間の将来や次代の国民の育成の上でも、重大な責任を有している。
④　教師の職は、最も高尚である。（教育の主脳とも表現）
⑤　教師の職は、無我、無私で利他である。（利他性）
⑥　教師の働きは、その自由の範囲は広い、変化が多い、工夫を要することが多い。（自由性）
⑦　教育の職は、万物の霊たる人間を相手にする仕事である。（人間の発達支援性）

次に「私立成城小学校創設趣意」を紹介します。

四つの「希望理想」

一、個性尊重の教育　　附、能率の高い教育
二、自然と親しむ教育　　附、剛健不撓《ふとう》の意志の教育

三、心情の教育　　附、鑑賞の教育
四、科学的研究を基とする教育

　求めた「教師像」

①　子どもを愛し、子どもを理解し、同情できる敏感な温かい心。
②　科学的素養とその熱意。
③　教えつつ学ぶという生活信条。
④　児童教育が趣味であり楽しむほどの子ども好き。
⑤　常に児童の地位に身を置き、児童になり切るを努めたし。

日本のデューイ（子どもによる課題の発見と解決、公共性のある生活者として社会への主体的参加の能力を育む教育）とも称された彼の児童中心の教育論・支援者としての教師論は、奈良女子高等師範学校附属小学校で行われた自学主義・合科学習等を生み出していったといわれています。

女性教師の意気込み

大正8年新しい教育の潮流の中にあって、女子師範（代用）附属小の高木ぎん先生は、『愛知教育』（第383号）誌上で「女性教員の根本的改造」について、おおむね次のように語りかけています。

「服装よりも先ず精神の改造である。男教員の洋装に比べてさほどの遜色《そんしょく》はない（当時の女子の服装は、綿服筒袖《つつそで》と袴《はかま》）。事にあたってうまくいかないと、服装の不備なるためだと……これは女子の屁理屈である。

尊い教職を、お嫁入り支度の小遣い取りの腰掛けと考えている人がある。先ず以《もっ》て本職に本気となり、漸次何事に至るまで本気に働きたいものである。

旧来の女は、奥座敷の飾り物で常に夫の付随物ですんでいた。

今の女子は、夫に先んじて生活難にあたらなくてはならない。自然女子といえども、一定の職業を求めねばならなくなってきた。時節柄、女子の教職にあるものは、最も相応《ふさわ》しい美々たる活動場であると思う。

心身共に覚醒し、改造して我帝国の将来をしっかりと私等女教員の双肩に担おうではないか。」（注81）

附属小の教育実習のおり、高木先生から直接指導を受ける女子師範生たちは、先生の目には、どう映ったでしょうか。必ずや先生の想いを胸にしっかり受け止め、その後の教職活動に、誇りと使命感をもって励んだことでしょう。

⑵　徐々に戦時色を強める昭和期

自主的活動を積極的に行う生徒たち

ところで、昭和期になると学園全体では千名を超える大幅増（第一部5学級200名、第二部80名、専攻科20名。そして高女本科750名・補習科40名など）となり、混雑した雰囲気がとても心配されています。

第6代峯豎雅校長（在職昭和7年3月〜）は、在職1年でしたが、全校的な緊張感のある雰囲気で学園の統制と秩序を確立し、好ましい学習環境づくりに、いくつかの試みを実践されています。

先生たちの努力に期待しつつ何よりも主役たちが、自主的活動を積極的に行うことを願い、その上でいくつかの施策を推進しています。（注82）

その一　毎朝の朝礼・朝会の開始であった。全校的精神・仲間としての絆が培われていく。

その二　土蔵内を整理し、図書収蔵に役だて閲覧室を新築した。元の図書空室を卒業生諸姉に開放し、毎月会合できるようにし同窓会の存在感を高めた。同窓会は、名古屋市の鶴舞公園の美観を守るために、「屑箱」設置の寄金提供をするにいたった。

その三　運動場の拡張、水泳プール新設、校歌制定などに取り組むと共に校内外の清掃・

草取りの督励をし、生徒の勤労精神涵養《かんよう》に努めた。

一つの錬成《れんせい》道場となることを求められた師範学校

昭和10（一九三五）年11月に設置された教学刷新評議会は、1年後「女子教育に関する事項」において次のように言っています。

「家庭教育に必用なる教養を豊ならしむと共に、国民的職分の自覚を十分ならしめ、正しき女子教育観の徹底を図るの必要あり」（注83）

こうした女子教育観は、先に語ってきた「良妻賢母」の考え方をより鮮明にしたものです。しかし戦時色が強まるにつれて、「皇民」的な教育が緊急となり、師範学校には、皇国民の育成を進める人物の養成が期待されています。

そこで特に修道に関して適切な方法・施設を講ずるように、師範学校全体が一つの錬成道場となることが求められたのです。

女子師範では、昭和13年5月修養道場の鎮座式を行っています。

修養道場（寄宿舎棟の集合室活用）には、神殿の間、仏間（写経・読経・座禅）兼居間、炊事室などが設けられました。中でも神殿の間には特に注意が払われ、熱田神宮を模して造られています。

その活用・行的訓練を通して「敬神崇祖《けいしんすうそ》（神を敬《うやま》い祖先を崇《あが》める）」「感恩報謝（恩を感

じ、報いる〕」の念を養い、将来人の師表〔模範となる人〕たるもの「国体明徴」に資《し》し〔日本の国を治めるのは天皇であることをはっきりさせることの助けとなり〕」、わが国醇風《じゅんぷう》美俗〔好ましい習慣〕を継承せしむる。

そして礼法・茶華道の修練、炊事・家事などの実習を行い、以《もっ》て日本固有の婦徳を錬成せしむるためであるとしています。（注72）

関連して主役たちが自主的に活動してきた学校農園が、先に語ったように「修練農場」として鍛錬《たんれん》の場になっていきます。裸足になって肥桶《こえおけ》をかつぎ、鍬《くわ》を使い土と汗に塗《まみ》れながら、麦やさつまいもなどをつくっています（稲刈りも勤労動員で経験）。

戦争直前の昭和16年ころから、学校にも世の厳しさが漂ってきています。通学にあっては一駅前

女子師範・県二高女の修練農場

で降り、学校まで歩けと体力アップの一助にしたといいます。奇しくも開戦当日（昭和16年12月８日）は、その成果を試すマラソン競走と重なっています。それから、練兵場へも出かけています。そこでは、分列行進・「頭右《かしらみぎ》」（旗手・号令もふくむ）を習い、銃の操作の教育も受けています。

皇国民を育む教師の育成が緊急課題

昭和18年３月「師範学校規程」（第一条）の中で、師範教育上の留意すべきことをあげています。顕著な二点について、みておきましょう。

①　皇国の道の先達たるの修練を積んで至誠尽忠の精神に徹せしめる。

②　学行〔学ぶことと行うこと〕を一体として心身を修練し、国民錬成の重任を果たす為に徳操識見を涵養《かんよう》し、師表としての資質を錬成する。（注84）

戦時非常事態を突破するために、皇国民を育む「国民学校」教育を推進する資質をもった教師を育成することが緊急課題であったのです。

上記した中で「皇国の道の先達」が第一義になっているのは、時代的な趨勢といえましょう。戦後とりわけ教育の民主化に当たって、批判された戦前の師範教育の核心的部分がここにあったのです。

戦後の「師範タイプ」への批判

戦前の師範教育への批判の一つに次の①②によって形成された「師範タイプ」の教師像があります。

① 公費制・全寮制・兵式体操などによる厳格な規律と生活訓練、（強制的ととれる）教育愛の涵養と三気質の教職聖職観の形成、国家主義理念に基づく教育。

② 一般教育の軽視、教育技術の重視などによる指導。

つまり師範出身の先生は、とかく形式的・画一的・孤立的・閉鎖的な意識と行動を持ち、自由な発想と学問研究の姿勢・雰囲気が欠けていると世間的には言われることになります。もちろん良いところもたくさんあります。指導技術（特に女子師範の先生は、オルガンが弾ける、理科の実験ができる、体操や図画工作も得意、自然の中で子どもと遊び楽しませることなど）に優れ、真面目で親切で、何より教師としての誇りがみなぎっていたのです。（注85）

６　第一師範学校女子部（女子師範）全焼と復興をめざして

一九四五（昭和20）年３月空襲により、寄宿舎棟・新館２階建１棟が焼失し、附属幼稚園も閉園を余儀なくされています。

５月「戦時教育令」が公布され、全学校に学徒隊などを結成し、本土空襲に備えようとしています。しかし、第２章でも語ったように女子師範は、名古屋大空襲にみまわれ名古屋城とともに全焼してしまったので、それどころではなくなったのですが。

名古屋大空襲の朝

空襲があった朝（５月14日）の状況を、入学間もない予科１年生（寄宿生）の手記をもとに、明らかにしたいと思います。

その日は、上級生は神戸製鋼名古屋工場への動員のためおらず、予科１年生80名の内、寮生20名（１年次は原則全員入寮、ただし食糧難で極力通学）だけが防空壕に入ったといいます。早朝７時50分空襲警報が鳴り、寮生は大急ぎで教科書など大切なものを、３寮と４寮の防空壕の中に避難させています。防空頭巾と防空鞄に身をかため、部屋の入口に並べてあるバケツを両手に下げて、持ち場へ走っています。

もう8時にはB29の第1編隊が、数機頭上に飛来してきています。通過して行くのを見送っていたら、お城の方面に火の手が上がったというのです。

一斉にふりむくと同時に、目に飛びこんできたのは、第2編隊が投下する爆弾の嵐でした。まさに黒い雨のようだったという。あちこちから叫び声があがります。早く登校した県二の生徒たちの声のようです。またたくまに校舎や寮のあちこちに火がつき、校庭は50cmぐらいの高さの火の海となってしまったといいます。

食糧増産の目的で運動場を掘りおこし畑にしようとしていた所へ、シュルシュルシュルと音をたてながら焼夷弾《しょういだん》が投下され、つきささりそのまま燃えていたというのです。「ここに いたら危ない、逃げよう」と皆に呼びかけた時、またもや次の編隊が近づき焼夷弾の嵐、爆音や悲鳴、校舎の燃える音、もうもうと立ち込める煙に、逃げるチャンスを失ってしまったというのです。（注86）

以下は、最後まで防空壕に閉じ込められ、恐怖の3時間と闘った者たちの生々しい証言です。

「黒煙と火の粉は容赦なく壕（防空壕—筆者）の中に飛びこんできます。いつまでも続くB29の爆音。ひっきりなしに落下してくる焼夷弾の音、もう外へ出て見る元気もなくなりました。息苦しくのどがひりひりしてきました。熱くてたまりません。そんな時、黄燐焼夷弾のかたまりが壕内にころがり込んで来ました。あわてて靴でふみ消そうとしたら、こんどは靴の先が燃え始めました。大急ぎで壕の中の土を掘り、ぶつけて消しました。……狭い防空壕に予科１年が８人、黒煙と火の粉に責められているのですからたまりません。死ぬ時はみんな一緒だねと言ったり、軍歌を歌って勇気づけあっていたのでした。

生と死の間を８人で闘っていたと言ったら、大げさかも知れませんが、もし一人だったら、恐ろしさにいたたまれなくなって、火の中に飛び出していて焼け死んでいたかも分りません。でも私達８人は、励まし合い、がんばりました。

時間でいったら３時間ぐらいだったと思います。長い長い暗黒の時間でした。

Ｂ29の爆音がちょっと途絶え、暫《しばら》くして空襲警報解除のサイレンが鳴りひびいた途端、全員壕の外へ飛び出しました。そして黒煙の立ち込める中で『助かった。よかった、万才』と喜び叫んでいる時、『42室の者は、全員大丈夫か。』と言う声が聞こえて、煙で黒くなった顔の岡田先生の姿が見えた途端に、全員走りよってわんわんと泣いたのでした。……安否を気づかって、火と煙の中を、一目散にかけつけて来てくれた先生でした。恩師のありがたさと同時に、生き抜いた喜びが、涙となってあふれてきた私たちでした。」(注86)

警報が解除されるや学校に駆けつけた人たちの、全焼し廃墟と化した校地・校舎を眼前にした時の心情は如何《いか》ばかりか、かける言葉がみつかりません。

寮生活の再開は、5月末・東春日井郡高蔵寺小学校（裁縫室・作法室）及び少し離れた青年学校の校舎の間借り生活から始まっています。間借りの寮生活は、余りにひどい食糧事情（豆粕と麦のご飯など）に、寮生のほとんどが栄養失調とか胃腸障害をおこし、10日余り寮を閉鎖して全員が帰省を余儀なくされています。（注86）

終戦と授業の再開

終戦の一九四五（昭和20）年8月15日は、工場や学校農場・仮寮などで玉音放送を聞いたといいます。当日の模様について手記の一部を紹介します。

「私たち予科1年生は、朝から学校へ出かけましたが、午前中で帰り、寮生のふとんをほしていた時だったと思います。病気などで寮に残っていた上級生が、重大放送があるからすぐに作法室に集まって下さいと呼びに来ました。急いで作法室に坐り、ラジオを聞かされましたが、さっぱり聞きとれず、あとの先生のお話で、戦争に負けたんだと知らされました。みんなわんわん泣いていましたが、戦争に負けたなんて信じられませんでした。放心したように、青年学校の土手の木の下を歩き回ったことを思い出します。」（注86）

思えば昭和20年3月以来、授業停止が閣議決定（国民学校初等科を除く）され、学校は教育機関から戦争優先の協力機関に変質していったのです。

9月から名古屋市東区東芳野町の男子校舎に移り、記録によれば9月11日からなんとか授業を始めています。そこは、窓ガラスの無い教室だったといいます。ともあれ寮生たちは、中央線で高蔵寺駅から大曽根駅まで行って、学校まで歩いたわけです。

11月になって女子部附属国民学校生は、ようやく疎開先の安楽寺から名古屋に帰り、男子部の校舎・国民学校内に一時的に移転しています（22年4月、工廠《こうしょう》補給所跡へ）。

女子部の舞台は、名古屋から近郊の春日井へ

第一師範学校女子部は、翌21年2月から春日井市牛山町陸軍兵舎跡（現春日井市立西部中学校）へ校舎・寮舎共に移転しています。バラック建てで床もないのを、みんなで難儀してつくろい、畳をしいて、部屋にしたのです。狭い部屋でしたが、間借りから解放されてとても嬉しかったようです。

気持ちに余裕が生まれたのか、予餞会とか学芸会も復活しています。クラブ活動も始まっています。勉強の方も、教科書がわりに新聞紙を折り畳んだようなものをもらい、雨もりのはげしい校舎（掘立小屋とか馬小屋と言われていた）で頑張っています。

ある日の新聞に「雨もり校舎、傘さして勉強する師範学校生女子部」という写真入りの記事が載ったということです。

1年たって再び移転です。22年4月、春日井市鳥居松町工廠補給所跡（現王子製紙工場）へですが、ここでも厳しい学生生活を強いられます。（注86）

昭和23年4月になって、男子部校舎にもどっています。
やっと学園らしい落ち着きを、取りもどしはじめたと言えましょう。

愛知学芸大学へ

先の「新学制」発布（昭和22）とともに、愛知学芸大学設立準備委員会が発足しています。復興の途上にあった第一師範学校「女子部」（昭和18年、統廃合され官立専門学校となる）は、新たな出発をめざすこととなります。

そして昭和24年5月「国立学校設置法」公布により、全国の師範学校が全廃となり、愛知県では愛知学芸大学〔岡崎〕（現愛知教育大学〔刈谷〕）として再生しています。

名古屋市東区東芳野町の校舎は、愛知学芸大学名古屋分校となり、第一師範学校（男子部・女子部）は併設となったのです。新学制が始まり多くがそちらへ流れ、旧学制に残ったものは少なかったようです。

「女子部」は男女共学となり、教室には男子学生が多く授業態度もよくない、代返《だいへん》（代わりに出席の返事をすること）もさかんで、ノートも貸せ貸せと、当初は横暴であったといいます。しかし、男女共学で、何組かのカップルもでき、運動会とか街中《まちなか》の演劇会、旧三師範大会（一部、県外からも参加）など活動を共にすることで、新たな学園らしい落ち着きを取りもどしていきます。（注87）

こうして昭和26（一九五一）年３月の卒業生を最後に、40年の歴史を刻んで閉校しています。今年は、女子師範の母体となった愛知県第二師範学校「女子部」設置（一九〇〇年）以来115周年、愛知県女子師範学校開学（一九一二年）以来103周年を迎えます。

その歴史は今日もなお燦然と輝き、これからも語り継がれていくことでしょう。

すばらしい女子師範

この物語の舞台の誕生背景にはじまって、それぞれの時期の教育活動、女子師範教育の諸相を語ってきました。改めて特筆したいことは、時代の変容著しい中にあって官立（専門学校）化（昭和18年）する直前まで、常に校長先生のリーダーシップのもとに、物語の主役たちを分け隔てなく、学業指導されてきたということです。

時に厳しく、そして何よりも女子師範生はじめ生徒たちのことを第一に考えての指導、それから教育活動・実践指導に創意工夫を重ねながら、全力で取り組んでこられた先生方の姿が随所でうかがえ、微笑《ほほえ》ましく頼もしいかぎりです。

好ましい学園の雰囲気、人間関係（絆）の太さ・深さを改めて思い、いわゆる「師範タイプ」の教師養成学校と一言では言い難いものを感じます。師範教育の基盤としての人間教育、いわゆる人格陶冶と確固たる社会的使命感を自覚し、情熱をもって自発的に行動できる人間の育成に重きをおいた学校であったように思います。

付記(2)　終戦直後の筆者の家を語る

終戦直後は一人っ子状態

終戦の玉音放送のことは、わが家では全く話題になっていないです。今日思い出すのは、終戦のことよりも自分が、朝早くからほとんど一人っ子状態であったということです。

母は朝早くから田畑に出かけ、四つちがいの兄は学校でしたから、気づいた時には誰もいなかったわけです。慣れてはいましたが、時々寂しさがつのり大泣きしたことを覚えています。

そんな時は、隣家の従妹がかけつけてくれたものです。それで随分助けられました。ところで戦時末、わが家の前の畑の大半が先に語ったように「滑走路」に変貌してしまいましたが、全く活用されずに終戦となったのです。

ローラーで固められた滑走路を畑にもどすのは、女手には極めて難儀な作業であったと思います。

今振り返れば、それは戦時中の国家総動員体制——戦争優先の政治・経済・社会の一元的支配が、こんな片田舎の農家の末端にまでしわ寄せしていたということ、そして終戦後も、その後始末に駆り出され続けたということです。

それから終戦の翌年（一九四六年）４月、小学校（当時は国民学校）に入学はしたものの、友達との会話や、授業には非常に苦労したことです。

母に連れられて畑に行っても、自然相手の一人遊びでしたので、他所の人と話すチャンスは全く無かったも同然でした。

今風にいえば、家庭の教育力の欠如ですね。社会性とかコミュニケーションする力が育っていないのですから、学校では仲間と遊ぶことがとても苦手だった。家の外でも兄にくっついて遊んでいましたね。

それから入学した1年時は、男女別学でしたが、校舎の傷みも激しくて板壁越しの女子教室は、その気になればよくみえたものです。

小学2年生から男女共学に

昭和22（一九四七）年「新学制」施行とともに、2年生となり「男女共学」になっています。学校給食も始まりますが、多くが農家の子でしたので、家から大根一本ひっさげて学校へ行ったものです。

同時に新制中学校もスタートしましたが、校舎がないので小学校を仮校舎として授業が行われたのです。その分、教室が手狭になったので、自分たちの教室も廊下を仕切ったような狭いものでした。

しかも二部授業でしたから、午前中は低学年、午後は高学年となっていました。兄と下校途中で会うのがとても照れくさかったものです。

小・中学校併置で、指導方針も含め先生たちは、歴史の大きなうねり・世の中の激変にどう処していったらよいのか悩まれたことでしょう。ご苦労が偲《しの》ばれます。

そのころ、背の高いアメリカの兵隊さん（進駐軍）が、時折恰好《かっこう》良いジープで学校に乗りこんで来ていました。全く乗用車のない片田舎（牛車・馬車・大八車・リヤカー・自転車が主流）でしたので、興味本位に眺めていたものです。

先生たちにとっては、その日はどんな気持ちで兵隊さんを迎え、また授業などされたのでしょうか。

自分たちは、その日の帰りにはチョコレートなどの一切れがもらえましたので、大事に持ち帰りおいしく食べたことを、今でもチョコをみると思い出します。

米やサツマイモを盗られる

食糧難は、戦後になって戦地からの帰国者も大勢で、一層厳しくなっています。したがって学校帰りには、食糧目当てのにわか泥棒をよくみかけました。

田んぼのあぜ道を風呂敷をかついで逃げる泥棒を、皆して遠巻きに囲んで、囃《はや》し立てながら大人の応援を待ったものです。

当時は、名古屋から毎日のように田舎へ、買い出しに来ていました。しかしなかなか売ってもらえない(農家は一人に売ると、行列ができるから)。このまま帰るわけにはいかない、家で待つ子どもたちのことを思うと、なんともやるせない、世の中の無情を痛く感じる長い長い一日になったことでしょう。

わが家でも、お米がよく盗られました。夜中にはサツマイモ畑が、荒らされました(イモだけを土中から掘り出すので、すぐには盗られたことがわからない)。

ある日、学校から帰って引き戸を開けた途端、突然逃げていくにわか泥棒と出くわしてしまったのです。それからは、一人で家に入るのがとても怖くなりましたね。だから大声で「帰ったよ」を繰り返しながら、泥棒が家の中にいないか確かめてから、引き戸を開けるようにしたものです。

もう一つ苦い思い出があります。いつものように大声で確かめてから家に入りますと、2階物置でカサコソと音が聞こえてくるではありませんか。今日こそはと、心を強くもって2階をそっと覗きますと、人影をみつけたのです。畑の母に連絡し、すぐお巡りさんが来てくれました。

お巡りさんが、降りてくるように呼びかけますと、なんと姿を現したのは仲の良い近所の坊やだったのです。本人は、夢中になって絵本をみていたようで、何事が起こったのか困惑し、半泣きしていましたね。

お巡りさんは、坊やに穏やかに話をしてくれましたので、自分もほっとしたのを覚えています。自分がしっかり人影を確かめなかったことが、こんな大事になってしまい、しかも坊やにつらい思いをさせてしまったので、すまないという気持ちで一杯でした。

当時のお巡りさん（村の駐在）は、終戦後の混乱と食糧難の世相にあって、よろず相談役・村の守護神として頼りにされ、ヒッパリだこの大活躍でした。子ども心にも頼もしく思ったものです。

村人たちも少々のことは、互いに大目にみていたようです。今そのころのことを考えますと、互いに困った時は助け合うという、村社会の向こう三軒両隣の人情が、根っこのところで生き続けていたように思います。

父の突然の復員

終戦直後から世の中は、兵隊さんなどの引揚・帰還ラッシュが続きました。しかし父の消息は情報もままならず不確かで、帰ってくる気配は全くなく、心配し半ばあきらめムードもありました。

あしかけ2年が過ぎようとしていたむし暑い夏の昼過ぎに、突然父は帰国し故郷に立ったのです。母の狼狽ぶりは大変なものでした。

最初に兵隊さんをみつけたのは、道端で遊んでいた自分でした。父の顔は全く覚えていないので、家に案内するように言われても、父であることに最後まで気付きませんでした。

父が語るには、日本の戦線拡大とともに、戦地を満州から中国、ビルマへと転戦し、南下し、終戦直前には、映画「戦場に架ける橋」（一九五七年上映・アカデミー賞受賞作品）で有名になった鉄橋を、クワイ河に架ける作業をしていたといいます。

この映画は、クワイ河マーチのメロディーとともに、自分の中では感動的な思い出深い作品の一つになっています。しかし当時（18歳）は、父が映画の舞台となった鉄道の架橋工事に関わっていたことは、全く知りませんでした。

現地のビルマ人・タイ人・英蘭の捕虜兵などを使役しながら、タイ・ビルマを結ぶ415㎞の鉄道・橋架け（日本軍の名称・泰緬《たいめん》連接鉄道）工事は、炎天下での強制労働で進められたのです。

想像を超えた突貫工事（異名・死の鉄道）では、疲労とか猛暑で伝染病や栄養失調をもたらし、多くの死者（およそイギリス・オランダ人2万人、現地人4万人、日本人1000人ほどか）を出しています。鉄橋の完成後も連合軍の空爆で、破壊と復旧の繰り返しが続いたといいます。

終戦時現地では連合軍によって日本軍一人ひとりの断罪が行われたそうです。それはとても怖く、つらかった瞬間で、生きている心地がしなかったとの父の言葉を、亡くなってから人づてに聞かされたものです（捕虜兵のうち、その後残虐犯として30人余が処刑されたという）。

後日談ですが、父たちは国内では、同期会を時々開いていたようです。

しかし戦後30年をすぎたころ、戦時中に作業を一緒にした日本軍とイギリス捕虜兵が、敵対関係・憎しみを超えて戦地ビルマで一堂に会し、戦友会を持つことになったというのです。このことは、新聞（一九七六〔昭和51〕年1月5日・朝日朝刊）で「日英親善のかけ橋に―悪夢忘れ腕組み行進も―」と題して取り上げられ、話題になりましたので記憶にある方もおられると思います。

母も父と一緒に、ビルマにでかけています。父の帰国が遅れたわけがわかってきました。それは捕虜となっていたわけではなく、マラリアに罹《かか》りビルマ人の民家で大変お世話になっていたというのです。

生きて帰ることができたのは、このビルマの人たちのお蔭だったのです。母が赴いたのには、お世話になった方たちへの感謝の気持ちを、自ら示したかったからだと思います。

今改めて思うと、父（一九一二〔明治45〕年生まれ）と起居をともにした歳月は思ったより短かかったです。

実際には小学校2年（昭和22年）半ばから高校卒業（昭和33年3月）までの11年余と、名西高校に転任（昭和40年4月。それまでは下宿）し翌年結婚するまでの1年間で、本当に短かかったんだなぁというのが実感です。

それだけに凝縮されていて、父が亡くなって10年近くになりますが、今も、初めて対面することになった日の父のりりしい兵隊姿が、起居をともにした壮年期の父とともに鮮明によみがえってきます。

自分の心象風景としての幼年期に見た、わが家の庭で横柄にふるまった兵隊さんの姿と重なり、思い出す度に複雑な心持ちになります。

おわりに

歴史・伝統の継承と発展をねがって――大きなうねり・不易なるもの――

愛知近代の女子教育について、その中でも高等女学校（愛知県第二高等女学校）および女子師範学校（愛知女子師範学校）を中心に語ってきました。

県二高女は、今年開校100周年を迎えます。

女子師範は、第二師範学校（岡崎）に「女子部」が設置されて以来115周年を迎えます。

教えられる者と教える者との一体感のなかで

この物語の主役たちが元気な源は、当初からの緑いっぱいの木々に恵まれた広大な校地と、学校農園との出会いにあると言ってもいい過ぎではない。それから寄宿舎生活と校内外の創意工夫に満ちた特別活動・諸行事など、集団的価値（文化）を磨くチャンスにも恵まれ、それが心身を鍛えていったのでしょう。

学園の規模拡充の中にあっても、先生方はチームワーク（和）を活かし、愛情と威厳をもって指導にあたられました。

主役たちもその期待に応えて、世相の変容の中にあっても緊張感を忘れず、「至誠日新」「質実剛健」をモットーにたくましく元気に時代を切り拓こうと切磋琢磨し、人格陶冶と勉学に精進する姿（勤勉）は、皆さんの心にも届いたことと思います。

こうして教えられる者と教える者との一体感の中で、醸し出される集団的雰囲気（環境は第二の教師）の大切さを、あらためて感じさせられます。


日本近現代のあゆみから見えてくるもの――30年周期で考える――


今年は、ちょうど戦後70年という大きな節目の年を迎えます。

もう一度歴史の大きなうねりと教育の原点・不易流行の観点に立って、歴史の奥深くで息づいて今日もなお燃え続け、私たちの生きるエネルギーとなっているものをしっかりみつめ、さらなる光を当てていく必要を痛感しています。

とりわけ今回「物語」としたのも、歴史を陰・陽分け隔てなく、誰もが身近において「語り継いでいくもの」と思ってほしい一念からです。

この物語を語り終えて心の疼《うず》きと、新たな問いかけの気持ちが湧いてきました。

それはわが国の近現代のあゆみが、私たちに一体何をもたらし、また何が足らなかったのかということです。

皆さんも、心のどこかで気にかけていることだと思います。

私は、手懸りとしてそれを30年周期で、以下のように区分けして考えてみました。

① 一八四一（天保12）年ころ〜一八七〇（明治3）年
欧米諸国のアジア地域への進出（アヘン戦争・一八四〇年）・植民地化と、わが国のなしくずし的開国（一八五四〜一八五八年）が契機となって、国の「かたち」をめぐり尊王攘夷・討幕論が高まります。

百姓一揆・お蔭参り・ええじゃないかなど、民衆のエネルギーと相まって明治維新（一八六八年）という変革の世を迎えます。

② 一八七一（明治4）年〜一九〇〇（明治33）年
新政府（太政大臣・三条実美）による廃藩置県（一八七一年）・学制頒布（一八七二年）。その後内閣制度（一八八五年）・帝国憲法制定（一八八九年）・国会開設など立憲主義的政策がすすめられます。

こうして、わが国の「かたち」——近代法治国家・教育立国の基盤を確立しています。

③ 一九〇一（明治34）年〜一九三〇（昭和5）年
日露戦争（一九〇四年）・大逆事件（一九一〇年）後、「時代閉塞《へいそく》の現状」（石川啄木）感が漂う世相から脱却し、大正政変・民本主義・政党内閣・協調外交・社会運動・新教育運動など継承・発展させるべきものが、歴史の舞台に登場した時代であったと思います。

この物語の主役たちが大いに青春を謳歌《おうか》できたのも、こうした時代の追い風のお蔭です。

④　一九三一（昭和6）年〜一九六〇（昭和35）年

満州事変勃発（一九三一年）から太平洋戦争終戦（一九四五年）を挟んで安保闘争（一九六〇年）までの30年間は、超国家主義（十五年戦争）を経て、連合国による占領政策を経験し、それから脱却し、新たな国の「かたち」を求めて歩み出した時代です。あらゆる分野にあって、歴史上未曾有《みぞう》の混乱と価値観の葛藤のなかにあった時代として把握できるのではないでしょうか。

⑤　一九六一（昭和36）年〜一九九〇（平成2）年

独立国として、また新たな教育立国・経済的自立化（所得倍増計画）に向けて歩みだし、右肩上がりの経済成長が続いた時代でもあります。

一九九〇年（バブル崩壊）の時点でのわが国は、世界的世論によって、エコノミックアニマルにも象徴されるように、痛烈な批判を受けています。国内では教育の画一化・過熱化が露呈した時代でもあります。

世界的には、ベルリンの壁崩壊（一九八九年）によって、東西冷戦体制が消滅しました。翌年機会があって、ベルリンの壁を象徴するブランデンブルク門の中に立つことができました。その瞬間、歴史の大きなうねり・高鳴りを感じたものです。

しかし、その時の高鳴りはなんだったのか、ドキドキ感をもう一度と言いたいですが…。

⑥　一九九一（平成3）年～（二〇二〇年）

真の自立化（男女共同参画社会）・教育再生（学校開放・学びの共同体づくり）・規制緩和・グローバル化・高度情報化・少子高齢化・高度福祉化などにむけた取り組みがすすめられていますが、その成果は道半ばです。

今日三つのR――Revolution（変革）・Renaissance（再生）・Restoration（復興）をキーワードとして、憲法をはじめあらゆるジャンルで問題提起・枠組みづくりが行われています。しかし肝心の展望を拓く軸足は、いまだ定まっていません。

求められる日本の教育の再構築

現在頭から離れないことは、戦後最大の国難ともいえる「東日本大震災・福島原発事故」（二〇一一年3月11日）のことです。あれからまる4年、今こそ国民の生命と安全を最優先の政治・経済・社会のあり方を追求し、その担い手づくりの教育の再構築＝家庭・地域・学校の教育力の早急の再生・連携強化が求められています。

そのためのイニシエーター（先導的役割）を担っていくのが、先生たちであることに変わりはないと思います。いつの世になっても私たちの心の原風景は、子どものころ学んだ学校であり、教えていただいた先生のことです。

その先生たちが、世の中の潤滑油となり風通しの良い関係を重ねていくことが期待されています。やがて信頼関係が高まり、各集団の醸《かも》し出す雰囲気がぶつかり合い、練りあげられ固まることによって、新たなパワーが胎動《たいどう》することを願っています。

今こそ歴史の大きなうねりと世の中の風を感じながら、それぞれが現実をしっかりみつめることではないでしょうか。

「傷つき傷つけられる関係」から、「癒し癒される関係」へ

その新たなパワー・うねりをみんなのものにする第一歩として、子どもから大人まで自らの立ち位置と生の営み《いのち》を、ホリスティック（包括的・総合的）にとらえなおすことからはじめてみませんか。

世の中では、尊いかけがえのない《いのち》が、戦争・貧困とか天災・事故、そして虐待・いじめなどで奪われています。そこから観えてくるのが、生きる（世間）ということは、ホリスティックに言えば時間（歴史・出来事）と空間（自然・居場所）と仲間（共同体・組織）の「三つの間」に抱かれ、支えられているということではないでしょうか。

ほかの言い方をすれば、それぞれの『間』を象徴するキーワードが、「歴史や自然そして共同体」です。この三つ（全体性）と誠実に対峙《たいじ》することで《いのち》の尊さ、輝きやよろこびを新たに実感できる気がしています。

気長に、全体性としっかり向き合い、問いかけを続けることが求められているのです。

例えば「自然」と向き合うということは、眼にみえる外なる自然と、眼にみえない内なる自然があります。

「内なる自然」は、本人が持って生まれた自然性——ルソーは、人間の本性をこう呼んでいるのですが、いわゆる良心とか善性とか魂といえましょう。その自然性（本性）に目覚め、自らの特質・個性をどう伸ばし、活かしていくかでしょう。

先に語った「全体性」に根ざした、日常の営みの継続と深まりが、世の中の有様を「傷つき傷つけられる関係」（強制・競争）から、「癒し癒される関係」（共生・共創）へと高めていく大きなパワーになることを願っています。

集団主義と個人主義のバランスが大切

具体的に語るならば、物語の主役たちは集団的価値を磨く中で、常に自己のあり方を求められていたのです。換言《かんげん》すれば、社会の荒波にめげず懸命に取り組んできたものは、集団主義的な価値観と個人主義的な価値観のバランスよい形成であったと感じています。

しかし、物語の舞台をとりまく世相は、やがて集団主義的な価値観が全体主義に傾斜し、また個人主義的な価値観も抑圧の中にどっぷりと浸かってしまいました。

皆さんは、「世の中」が心豊かにゆったりとした暮らしになるには、何が肝要とお考えでしょうか。私は、いつでも・どこでも・だれでもが、この二つの価値観のバランス感覚

（民主主義のこころ）を磨き、それが活かせる社会の一層の発展だと思っています。

物語の主役たちが、こうした生き方を身につけるために、随所でみせた態度・活動から感じたままを、一つ二つ語るとすれば次の点です。

・主役たちが醸し出す絶大な誇り意識と連帯感、たくましさとモチベーションの高さ、そして、それらの大切さを改めて教えてもらった気がします。それぞれがこれからの日常の営みの糧として、活かしていきたいものの一つです。

・もう一つは、時代の大きなうねりを感じながら、主役たちが為すすべもなく共同体的な学園がなし崩し的に変質していったことです。そうした過程の歴史の因果と、それまでの歴史遺産から何を学び、これからの生き方にどうつなげていくかということです。

・さらに教育がめざす人格陶冶・「生き抜く力」を、主役たちが困難にめげず互いに切《せっ》磋琢磨《さたくま》し、真摯《しんし》に磨きあげてきたことを思うにつけ、限りない拍手を送りたいと思います。

最後に、物語の随所で語ってきた二つの価値観が、せめぎ合いながらどっかと根を張り、バランスよく確かなものに成長し、風雪にめげず「世の中」の核（原動力）となっていくことを願って、結びにしたいと思います。

年表・近代女子教育のあゆみ（全国・愛知）			
	西暦	全国の教育・女子教育の歩み	愛知の教育・女子教育の歩み
明治4	1871	文部省設立	名古屋県女学校設置布告（聖徳寺内に設置）
5	1872	学制頒布 官立東京師範学校設置(後高師)	
6	1873	同（大阪・仙台）	愛知県養成学校設置・小学教則制定　「義校」設立奨励の布告
7	1874	同（愛知・広島・長崎・新潟） 官立女子師範学校設置	愛知県養成学校別校（岡崎に開設）　官立愛知師範学校設置
8	1875	学齢を定める（満6～14歳）	
9	1876		愛知県師範学校（愛知県養成学校改称）　女範学校設立
10	1877	東京大学創設　官立師範学校（東京2校のみ）　漸次地方公立化へ	
11	1878		女範学校(愛知県女学校と改称)
12	1879	（自由）教育令（学制廃止）公布 学校の設置・管理市町村へ 就学率40%台へ（男子58.2% 女子22.6%）	県女学校廃止・師範学校に女子教育部設置・収容（のち附属女学部へ）
13	1880	改正教育令（国家統制強化へ転換）　私立師範学校設置禁止	
14	1881	師範学校教則大綱　小学校教員心得定める	
15	1882	東京女子師範学校・附属高等女学校設置（初の高等女学校）	愛知県師範学校附属女学部廃止「女子教育冬の時代」へ
16	1883	府県立師範学校通則	
18	1885	*内閣制度，森有礼初代文部大臣	
19	1886	森文相，国家主義的良妻賢母を強調　師範学校令公布（尋常・高等）(高師は全国官立1校のみ) 東京師範学校・行軍旅行実施（修	県師範学校は尋常師範学校と改称（4年・4学級・200名）

		学旅行の初め）　帝国大学令・小学校令・中学校令（複線型学校教育体系へ）　小学校尋常４年（義務）高等４年	
明治20	1887		愛知教育会発会・『愛知教育』発行
22	1889	＊大日本帝国憲法発布	
23	1890	東京女子高等師範学校設置（女子部独立） 教育勅語発布 (全国学校へ頒布) ＊第１回帝国議会開会	
24	1891	中学校令改正（府県１校制限撤廃、高女・尋常中の一種）	
25	1892	尋常師範学校の学科及び規程改定 (学理から躬行実践重視へ)	
26	1893	文部省女子就学促進に小学校の裁縫教科設置奨励	
27	1894	高等学校令（高等中学校改称） 高等師範学校規程（女子含む） ＊日清戦争	
28	1895	高等女学校規定公布	
29	1896		名古屋高等女学校開校 (6 月)(明治 45 名古屋市立第一高女へ)
30	1897	＊この年女子就学率 50％台へ 改正師範教育令（尋常師範を師範学校に改称） 一県一校主義の変更　女子師範学校の独立設置奨励 文部省小学校・師範学校男女別学奨励高等女学校の設置積極化へ 京都帝国大学開学	
31	1898		愛知県尋常師範学校を愛知県師範学校と改称 (翌年第一師範学校と再改称)4 年・8 学級 320 名

明治 32	1899	高等女学校令　高等女学校を単行の学校令により規定（修業年限４年原則・高等小第２学年修了 12 歳以上）　私立学校令・実業学校令	第二師範学校設立（岡崎）
33	1900		女子師範学校設立計画（不成功） 第二師範学校に女子部新設（修業年限３年，明治 41 から４年）
34	1901	高等女学校令施行規則	
35	1902	広島高等師範学校設立 ＊この年，小学校就学率 90％台へ（内女子 87％）　臨時教員養成所制度はじまる	
36	1903	高等女学校教授要目編纂　国定教科書制度成立　専門学校令公布	愛知県立高等女学校開校（大正４県立第一高女と改称）
37	1904	小学校・国定教科書開始 ＊日露戦争	
40	1907	小学校令改正，尋常小義務教育年限６年に延長　師範学校規程(本科第一部４年第二部１～２年資格中等学校卒）　高等女学校令改正(資格・尋常小６年卒程度へ)	
41	1908	奈良女子高等師範学校新設 ＊戊申詔書発布 官立第八高等学校設置	県師範学校学則（第一・第二師範 第一部・第二部・予備科を設置）
42	1909	直轄諸学校に対して専門教育のほか修身教育の重視訓令	
43	1910	師範学校教授要目編纂　高等女学校令改正（実科設置・実科高女の始まり）	県議会，女子師範学校新設案提出（３ヵ年計画）校舎新築（春日井郡金城村大字北押切） 文部省告示（愛知県女子師範校 45 年４月開校）
明治 44	1911	高等女学校及実科高女教授要目制定	

45	1912		**愛知県女子師範学校**（現名古屋市西区）設置（第二師範学校女子部独立）名古屋市榎小を附属小に代用 ＊明治末年本県高女数９校（県立１・市立１・郡町立４・実科２・私立１）
大正2	1913	府県授与教員免許全国有効化	
3	1914	＊第一次世界大戦	
4	1915		愛知県女子師範学校に**県立第二高等女学校**併設（修業４年・定員 200 名・４学級）
5	1916		女子師範学校創立５周年記念祝賀会
6	1917	臨時教育会議設置　師範教育に関する件答申，翌年女子教育に関する件答申	
7	1918	大学令・高等学校令　４段階（小学校・中等学校・高等専門学校・大学）	
8	1919	高女令改正（国民道徳と婦徳の養成を強調）　５年制高女設置認める	３月県二第１回卒業証書授与式卒業生 35 名をもって同窓会結成（５月第１回総会）
9	1920	高女専攻科 (３年)・高等科 (３年)	
11	1922	学制発布 50 年記念式	県一高女に専攻科設置，県一高女・名古屋第一高女５年制に移行　県立高女を県高女と改称
12	1923	＊関東大震災 国民精神作興に関する詔書	
13	1924		県一高女高等科設置（専攻科翌年募集停止）県二高女創立十周年記念祝賀式挙行 女子師範附属小学校校舎落成（代用附属小学校を市に返還）

大正14	1925	師範学校規定改正 ＊治安維持法公布 ＊普通選挙法公布	県二高女高等科設置（修業３年・３学級 120 名）　本科（修業５年・10 学級・500 名） 女子師範附属幼稚園開設
15	1926	幼稚園令	愛知県師範学校学則改正（第一部修業５年・専攻科設置） ＊大正期開設高女数・19 校
昭和2	1927		県二高女・同窓会「双葉」と決定 女子師範専攻科教室一棟・雨天体操場設置 私立金城女子専門学校設立（中部初）
3	1928	学生生徒の思想傾向を正し国民精神の作興を訓令 両陛下の御真影拝戴・挙式　講堂に奉安庫設置	
4	1929	文理科大学新設（東京・広島）	私立椙山女子専門学校設立
5	1930		私立安城女子専門学校設立
6	1931	中学校「公民科」設置　師範学校教授要目制定 教育会議にて実用主義女子教育論と教養主義激論 ＊満州事変	県第二高女補習科設置 (修業１年・40 名)(高等科県一に併合) 女子師範本科二部 (修業２年・80 名・２学級）（入学資格 高女５年修了）県二高女（定員 750 名 15 学級へ）
7	1932	高女令・同施行規則改正（「公民科」新設）＊５・15 事件	
8	1933		女子師範・県二高女 校歌制定式執行
9	1934	同上（強化体育）	
10	1935	＊国体明徴に関する声明発表 青年学校令公布	女子師範本科二部全員私費生制度へ　高二高女「公民科」正科へ
11	1936	＊２・26 事件	女子師範・県二高女 奉安殿地鎮祭　伊勢神宮徒歩参拝

昭和12	1937	国体明徴の観点から中学・師範・高女・高校の教授要目大幅改訂 文部省編「国体の本義」刊行 教育審議会設置（戦時下女子教育の実用化強化） ＊日中戦争	女師県学校看護婦養成所設置
13	1938	集団的勤労作業運動実施に関する件通達（6月勤労動員始まる） ＊国家総動員法公布	高女四月より授業料1ヵ月4円40銭　女師・県二高女庄内川砂運搬作業　修養道場鎮座式
14	1939	大学・軍事教練を必須化　小学校5・6年と高等科，男児に武道課す 名古屋帝国大学設置	県二高女（1000名・1学年200名・20学級）　女師に臨時教員養成所設置　配属将校による教練強化（三師範）
15	1940	中等学校教科書検定制から指定制へ　修学旅行の制限通達（18年以降全面的中止）	県二高女・女師皇紀2600年の記念式典及び創立記念25周年・40周年行事
16	1941	国民学校令公布　各学校に全校組織の学校報国隊団編成訓令 防空演習・特設自衛団結成式 教学局編「臣民の道」刊行 ＊太平洋戦争勃発	県高女学則改正（英語短縮・修練重視）
17	1942	高女規程　高女・英語随意科目とし週3時間以内と通達	
18	1943	中等学校令改正公布　中学校・高女・実業学校修業年限1年短縮4年へ　教科書国定化 改正師範教育令公布　全師範学校官立・合併化　本科一部制廃止　専門学校と同格程度に昇格予科2年本科3年　全国103校を56校へ（内男子部のみの学校9校） 師範学校・中等学校国定教科書使用 学徒戦時動員体制確立要綱	名古屋市内公立5高女・学区制実施　名古屋市立女子医学専門学校開設 本県は第一師範・女子師範統合愛知第一師範学校（男子部・女子部），愛知第二師範学校（岡崎師範改称）（男子部・翌年女子部）

昭和19	1944	都市部の強制疎開始まる 官立の青年師範学校設立 （青年学校教員養成所廃止） 広島女高師新設　高等師範学校設立（金沢・岡崎） 国民学校初等科児童集団疎開 12 都市に拡大 学徒勤労令・女子挺身勤労令公布	８月愛知青年師範学校設置 名古屋市学童集団疎開開始 第一師範女子部附属国民学校児童蒲郡の安楽寺へ疎開 わらぞうり上履使用 授業週二日あとは勤労奉仕 ＊東南海大地震起こる
20	1945	決戦教育措置要綱 ４月から国民学校　初等科を除き授業停止 戦時教育令公布　全学校に学徒隊結成 ＊８月戦争終結の詔書放送（玉音放送） ＧＨＱ日本教育制度に対する管理政策を指令 新日本建設の教育方針公表 中央講習会開催	岡崎高等師範学校設置 ＊名古屋大空襲 ５月女子部・県二高女全焼（２名死亡） 女子部寮生活，５月末以降春日井郡高蔵寺小（裁縫室など）・青年学校間借りへ ９月以降男子部校舎で授業再開 県二高女，江西小（２階借用） ９月授業再開 第一師範女子部・附属国民学校蒲郡の安楽寺から男子部校舎に一時移転（22 年春日井女子部校舎へ）
21	1946	ＧＨＱの要請で米国教育使節団来日勧告（教育の民主化） 教育刷新委員会発足 ＊日本国憲法公布 文部省新教育指針第１分冊配布	県二高女４月焼跡バラック教室へ 女子部附属幼稚園開園（男子部校舎国民学校内）　女子部春日井牛山兵舎跡へ
22	1947	教育基本法・学校教育法公布 新学制発足（６・３・３・４制） (9 ヵ年義務教育化) 新制高等学校の教育課程発表	県教育審議会高校新方針答申 女子部・春日井鳥居松工廠跡へ移転 10 月県二高女復興記念式典

昭和23	1948	新制高等学校発足	4月**県立第二女子高等学校**設置併設中学校 第一師範男子部・女子部（本科名古屋東芳野町校舎へ，予科春日井校舎へ）同附属中学校設置 10月**県立名古屋西高等学校**設置（学区制・男女共学）併設中学校
24	1949	国立学校設置法公布　新制国立大学69校設置 全国の師範学校廃止へ **愛知学芸大学**発足	3月県二高女第30回卒業式（県二高女閉校） 4月高等学校再編成（学区制・男女共学全面実施へ）
25	1950	＊教員レッドパージ	
26	1951		3月愛知第一・第二師範学校卒業式（師範学校閉校）

引用・参考文献及び資料など

1 石川松太郎編著『教育の歴史』日本放送出版協会、一九九一、32頁、参照
2 深谷昌志著『良妻賢母主義の教育』教育名著選集2、黎明書房、一九九八、117頁及び11〜33頁
3 結城陸郎著『愛知県近代女子教育史』愛知県郷土資料刊行会、二〇〇〇、65〜72頁
4 犬塚孝明著『森有礼』人物叢書、吉川弘文館、一九八六、246〜276頁、参照
5 前掲『愛知県近代女子教育史』86〜97頁及び596〜609頁、参照
6 新修名古屋市史編集委員会『新修名古屋市史』第6巻、二〇〇〇、438頁
7 愛知教育大学史編さん専門委員会『愛知教育大学史』一九七五、50頁
8 小原国芳編『日本新教育百年史5 中部』一九六九、559〜580頁、参照
9 小泉和子編『少女たちの昭和』河出書房新社、二〇一三、24〜31頁
10 前掲『愛知県近代女子教育史』243頁、参照
11 同、249頁、参照
12 安藤見一編集兼発行人『女師県二』2号、押切一筆便りの会、一九六四
13 「座談会『あのころ』」愛知県立名古屋西高等学校名西会編『創立70周年記念誌』一九八五、47頁
「黒い蘇鉄」同、136頁
14 愛知県女子師範学校・愛知県第二高等女学校編『創立記念誌』一九四〇、参照
15 名西高旧職員・日下英之手記「むかし《天神山》という山があった」前掲『創立70周年記念誌』158〜159頁、参照

16　名西高旧職員・加藤武夫手記「学問の《場》」愛知県立名古屋西高等学校名西会編『名西創立50周年記念誌』一九六五、52～53頁、参照
17　「座談会『県二の思い出』」創立80周年記念誌委員会編『創立80周年記念誌』一九九五、2～6頁、参照
18　前掲『創立記念誌』56頁
19　高等女学校研究会（代表山本礼子）編『高等女学校資料集成』第14巻～16巻、一九九〇
20　前掲『女師県二』7号、一九六六
21　県二20回生・瀬木美智子（旧姓森）・浅野貞子（旧姓早瀬）手記「テニスの思い出」前掲書『創立70周年記念誌』100頁
22　前掲『創立記念誌』125頁
23　愛知教育大学附属図書館所蔵「校舎平面図」一九四〇、参照
24　同、愛知県女子師範学校・愛知県第二高等女学校編『学校要覧』一九四〇、参照
25　愛知県立名古屋西高等学校編「経営案」二〇〇五、参照
26　愛知県教育委員会編『愛知県教育史資料編近代2』一九八九、600頁、参照
27　愛知県教育委員会編『愛知県教育史』第4巻、一九七五、179頁～、参照
28　宮原誠一ほか編『資料日本現代教育史4　戦前』三省堂、一九七四、296頁～、参照
29　前掲『愛知県教育史』第4巻、476～479頁
30　「座談会『県二の思い出』」前掲『創立80周年記念誌』2頁～、参照
31　県二26回生・昭和16入学・丹羽よ志子（旧姓高田）手記「授業など」前掲書『創立50周年記念誌』223～226頁、及び手紙・聞き取り（平成14年7月）

32 「明和会」記念誌編集委員会編『愛知県立明和高等学校史』一九九八、203～204頁、参照
33 「座談会『県二の思い出』」前掲『創立80周年記念誌』18頁～、参照
34 県二2回生・大正5年入学・栗山八重子（旧姓本田）手記「夢の中の修学旅行」前掲『創立50周年記念誌』216頁
35 31に同じ、同、224～225頁、参照
36 県二2回生・大正5年入学・立川くら（旧姓岩瀬）手記「走馬燈」前掲『創立50周年記念誌』204頁
37 前掲『女師県二』6号、一九六六
38 36に同じ、同、204頁
39 県二19回生小林絹子（旧姓伊藤）・21回生斉藤ふみ子（旧姓上畠）手記「若き日の寄宿舎生活の思い出」同、158～160頁
40 31に同じ、同、225頁
41 県二旧職員鈴木胡蝶（旧姓広庭・在職昭和5～18年）手記「薙刀あれこれ」同、65頁
42 県二18回生（昭和12卒）吉田定子（旧姓倉持）手記「プラスになった薙刀」同、66頁
43 県二17回生三宅千代（旧姓杉山）手記「全国制覇への道―県二籠球部の歴史」前掲『創立70周年記念誌』90～97頁
44 県二8回生（昭和2年卒）増田亀代子（旧姓苅谷）手記「キャンパスの思い出」前掲『創立70周年記念誌』54頁
45 31に同じ、同、225～226頁
46 中日新聞記事「戦時下伏せられた被害」平成26年1月6日
47 中日新聞社編集局社会部編『名古屋市電物語』中日新聞社、一九七四、104～105頁

48 山田照子ほか編集兼発行『「五月会」会誌』（昭和17年県二入学の会）二〇〇八
49 ウィキペディア「戦時屠殺処分」二〇一四、参照
50 前掲『新修名古屋市史』第6巻、855～903頁
51 田村倫子（昭和18年県二入学・29回生・旧姓安井）聞き取り、平成26年11月
52 旧職員・高木松見手記、前掲『70周年記念誌』30頁
53 小柴昌子著『高等女学校史序説』銀河書房、一九八八、242頁
54 愛知県総合教育センター教育史料室所蔵「県二高女復興記念式典祝辞」一九四七
55 前掲『「五月会」会誌』参照
56 水原克敏著『近代日本教員養成史研究』風間書房、一九九〇、42～56・284頁
57 前掲『森有礼』271～277頁
58 前掲『愛知県近代女子教育史』180～181頁
59 愛知教育大学名古屋分校回顧録編集委員会『愛知教育大学名古屋分校回顧録』一九七〇、27～31頁、参照
60 前掲『愛知県近代女子教育史』182頁
61 愛知県女子師範学校編『愛知県女子師範学校・愛知県立第二高等女学校一覧』一九一八、参照
62 前掲『創立記念誌』参照
63 「大先輩市川房枝先生に聞く」前掲『女師県二』7号、一九六六、参照
64 前掲『創立記念誌』参照
65 前掲『愛知県教育史資料編近代3』639～642頁
66 前掲『愛知県教育史』第4巻、240～242頁

67 前掲『愛知教育大学名古屋分校回顧録』107頁
68 女師本科二部・加藤泰子（昭和10入学）聞き取り、平成15年1月
69 前掲『創立記念誌』参照
70 前掲『愛知県教育史』第4巻、510～511頁
71 国立国会図書館所蔵『錬成餘韻』一九四〇、参照
72 前掲『創立記念誌』参照
73 前掲『愛知教育大学名古屋分校回顧録』79頁
74 前掲『愛知県教育史』第4巻、730・738頁
75 前掲『資料日本現代教育史4　戦前』200頁
76 前掲『愛知県教育史』第4巻、240～256頁
77 前掲『資料日本現代教育史4　戦前』330～332頁
78 前掲『教育の歴史』135頁
79 前掲『創立記念誌』24頁
80 米山弘編著『教師論』玉川大学出版会、二〇〇一、93～97頁
81 愛知県史編さん委員会編『愛知県史資料編34　教育』二〇〇四、592～594頁
82 前掲『創立記念誌』28～32頁
83 梅根悟監修『世界教育史体系34　女子教育史』講談社、一九七七、314頁
84 前掲「資料日本現代教育史4　戦前」332頁
85 前掲『近代日本教員養成史研究』975～988頁
86 女師予科・森岡規子（旧姓永田）（昭和20年入学）手記「終戦前後の女子部予科」前掲『愛知教育大

学名古屋分校回顧録』89～91頁　＊協力（手記）女師予科・永井静子（旧姓高木）（昭和20入学）、同、
岩月美代子（旧姓伊藤）聞き取り、平成15年1月
87「座談会『戦時中・戦後の女子部』」前掲『愛知教育大学名古屋分校回顧録』79～87頁

著者紹介

矢野幸一

1939（昭和 14）年愛知県に生まれる。1962（昭和 37）年広島大学教育学部卒業後，愛知県の公立高等学校に勤める。勤務校は，木曾川・名古屋西・明和・東郷・高蔵寺・児玉・再度名古屋西の各校。主に日本史を担当。名古屋西高校長を最後に，2000（平成 12）年に退職。退職後は，桜花学園大学，椙山女学園大学に勤める。主に日本史，教職論，生徒指導，教育方法論などを担当。

主な著書・論文など

「高校における思考力の考察―歴史的分野」『日本社会科教育学会誌』1965
名古屋歴史教育研究会編（共著）『歴史への招待』1971
愛知県教育センター編（史料調査委員）『愛知県教育史料編近世 1・2』1984
愛知県公立高等学校長会編（分担執筆）『愛知県高等学校四十年』1988
愛知県教育委員会編（分担執筆）『ドイツの教育事情―視察報告』1994
『教育ルネッサンスの方途』ナウ出版工房，2003，ほか

連絡先　〒 489-0976　愛知県瀬戸市井戸金町 309　℡ 0561-21-4092

県《けん》二《に》高女《こうじょ》・女《じょ》子《し》師範《しはん》物語《ものがたり》　―愛知県《あいちけん》の近代女子教育《きんだいじょしきょういく》―

2015 年 7 月 10 日　初版発行　著　者　矢《や》　野《の》　幸《こう》　一《いち》
発行者　武　馬　久　仁　裕
印　刷　藤原印刷株式会社
製　本　協栄製本工業株式会社

発　行　所　株式会社 黎《れい》　明《めい》　書《しょ》　房《ぼう》

〒 460-0002　名古屋市中区丸の内 3-6-27　E B S ビル
☎ 052-962-3045　F A X 052-951-9065　振替・00880-1-59001
〒 101-0047　東京連絡所・千代田区内神田 1-4-9　松苗ビル 4 階
☎ 03-3268-3470

落丁本・乱丁本はお取替します。　ISBN978-4-654-01916-8